Soy Una mujer llamada Propósito

NACÍ PARA SER LIBRE

EVELYN PERALES

Editorial Güipil

Para otros materiales, visítanos en:
EditorialGuipil.com

Editorial Güipil

Editorial Güipil. Primera edición 2021
www.EditorialGuipil.com

ISBN-13: 978-1-953689-17-7

Categoría: Crecimiento Personal / Vida práctica / Inspiración

Dedicatoria

A Dios, por abrazarme, cuidarme y protegerme, por haberme escogido e impartir sobre mí un propósito y una gran libertad.

A mi madre, Olga Martínez, por ser una mujer valiente la cual me llevó en su vientre y dio a luz una mujer llamada Propósito.

A mi hija, Ashley Janice, eres la respuesta a una oración; naciste del corazón de Dios, tienes un gran legado, un gran propósito y destino.

A mi esposo, Mario Perales, gracias por creer en mí y en lo que Dios me ha entregado.

A doña Carmen y a don Pancho, mis padres, que hoy gozan en las mansiones celestiales.

A ti, mujer, que buscas conocer cuál es tu propósito divino y que estás en busca de una libertad plena. Eres una mujer valiosa. ¡Naciste para ser libre!

Elogios

Estamos agradecidos por la vida de Evelyn. Como sus pastores y compañeros de milicia, hemos visto cómo Dios ha levantado, restaurado y ha hecho algo extraordinario en su vida. Los momentos más oscuros de su pasado ahora van a ser esa luz que guíe a otras vidas. Cada situación y experiencia vivida fueron como aguas que pasaron para ayudar a otras mujeres a pasar al otro lado. Sabemos que este libro será de bendición para muchas vidas alrededor del mundo.

Pastores Abdias y Vilmarie Rivera
Pastores generales de *La casa del Alfarero*, Chicago, IL

Evelyn ha sido mi mentora por los últimos tres años y su vida me ha impactado en gran manera. Su mentoría ha sido clave y vital en mi caminar y en mi desarrollo como líder en el ministerio. Tuve el privilegio de participar en su ordenación pastoral; y es una mujer preparada, puntual, genuina, humilde: es una gran mujer de Dios. Como mentora es admirable, responsable, organizada, sensible a la dirección del Espíritu Santo y es una gran mujer de fe y de oración. Estoy segura de que a través de este libro, ella transmitirá el amor de Dios; y con su testimonio de libertad, ayudará a muchas mujeres a sanar a través de sus palabras.

Vanessa Curet
Pastora de jóvenes

Evelyn es una mujer íntegra, honesta, responsable, de fe, pero sobre todo apasionada por Dios. Una mujer que ha podido superar los procesos de su pasado. Enseña y modela a Jesús en su vida; es una persona valiente y humilde. Posee una virtud extraordinaria y es escuchar las necesidades de otros, orar e interceder hasta lograr la victoria. Es un ejemplo a seguir como mujer líder en el ministerio. Tiene muchas cualidades la cual hacen de ella una mujer valiosa, ha experimentado la sanidad interior, la libertad, y Dios le ha entregado un gran propósito divino.

Ivette Román
Intercesora profética

Hace más de quince años conocí a Evelyn, una mujer sedienta por aprender y crecer en Dios. Muy pronto esta mujer estaba dirigiendo un grupo de mujeres, enseñando la Palabra de Dios. La he visto en todas las etapas y procesos de su vida, algunos de mucho gozo y otros de fuertes desafíos. Esa actitud de determinación y de conquista, a pesar de las circunstancias, la han convertido al pasar el tiempo en una mujer muy valiente y sabia. He visto su proceso de formación, veo el precioso diamante en el cual se ha convertido (Prov. 31:10). Sigue adelante, ¡todavía falta mucho más de parte del Señor para tu vida!

Doriel Pagán
Coach, mentora. Ingeniera ejecutiva.
Gobierno de Puerto Rico

Evelyn es en realidad una mujer llamada propósito. Ella conoce a Su Padre Celestial y en Él, ella ha encontrado libertad y una asignación especial. Su sensibilidad espiritual es un regalo divino para aquellos a quienes ella sirve. Desde el momento en que la conocí entendí que es una persona humilde, trabajadora, capaz, talentosa y muy preparada. Es maravilloso contar con ella como miembro distinguido de la academia *Escribe y Publica Tu Pasión*, asimismo agradecemos tenerla como líder y mentora de las mujeres miembros de la *Comunidad Mujer Valiosa*.

Rebeca Segebre
Presidente de Editorial Guipil &
fundadora del Movimiento Mujer Valiosa

Agradecimientos

A Dios, por soplar aliento de vida sobre mí, por ser mi fuente de inspiración y por cumplir los anhelos y deseos de mi corazón.

A mi esposo, Mario Perales por su apoyo incondicional y por toda tu ayuda durante esta travesía. ¡Sin ti hubiera sido imposible!

Al equipo Pastoral de La Casa Del Alfarero: Abdias y Vilmarie Rivera, Alex y Vanessa Curet, por sus oraciones, apoyo, palabras de estímulo y por creer en el propósito que Dios depositó en mi vida.

A Rebeca Segebre por ser una gran mentora, por sus enseñanzas, guía e impartirme claridad. Por tomarme de la mano para hacer este sueño una realidad. Gracias por impartir de ese aceite fresco en cada sesión. A su esposo Víctor Aparicio, por toda su ayuda, su gran entusiasmo y talento.

A la *Academia Escribe y Publica tu Pasión*, todo el equipo de *Mujer Valiosa*, a sus líderes y al *Editorial Güipil*, por hacer este sueño realidad.

A mi familia, por sus oraciones y apoyo durante el desarrollo de este libro.

Contenido

Introducción

«El Espíritu del Señor está sobre mí, porque me ha ungido para llevar la Buena Noticia a los pobres. Me ha enviado a proclamar que los cautivos serán liberados, que los ciegos verán, que los oprimidos serán puestos en libertad.»
Lucas 4:18 (NTV)

Hace algunos años atrás tuve un sueño en el cual yo estaba en un gran auditorio y desde el podio podía ver cientos de mujeres; y yo era la persona que iba a impartir el mensaje en ese lugar. En otra ocasión una persona me dijo: «Dios te ha llamado para ir a las naciones, las personas serán sanadas en física, emocional y espiritualmente».

En otra ocasión me encontraba en un aeropuerto internacional y me acordé de las palabras que había recibido. Y sentí en mi corazón que Dios me decía: «No me he olvidado de lo que te prometí». Luego, una noche, escuché al Espíritu Santo susurrar en mi oído: «Eres una mujer llamada Propósito».

A pesar de todo esto yo tenía una gran pregunta: ¿Cómo y cuándo sucedería todo esto?, porque había sido marcada por las heridas del pasado, estaba en un proceso de sanidad interior y sabía que aún faltaba mucho por recorrer. En 2020, estaba meditando y recuerdo que le pregunté a Dios por qué había pasado por tantas situaciones difíciles. Sentí una paz sublime y mi corazón comenzó a latir fuertemente al recibir una respuesta inmediata: «A través de tu testimonio vas a ayudar a muchas mujeres a ser libres y a conocer que tienen un gran propósito».

Por tal razón sentí la necesidad de escribir algunas de mis historias para así ayudar a muchas mujeres a obtener sanidad interior, experimentar una transformación, gozar la verdadera libertad y conocer que a pesar de los desafíos que puedan enfrentar, tienen un propósito divino.

El formato utilizado es un devocional diario de 30 días de inspiración para la mujer, con lecturas cortas, en el cual se desarrolla un tema el cual encierra un desafío, para ayudar a la lectora a identificarse. Comparto mi historia, narrando una situación real de mi vida, la solución y una aplicación personal basada en los principios bíblicos. Luego invito a la lectora a hacer un alto para reflexionar y orar.

Tengo un gran llamado para trabajar con la mujer latina; mi compromiso es ayudar a esa mujer que enfrenta situaciones y desafíos. Ayudarla a entender que a pesar de todo lo que han pasado en la vida, hay nuevas oportunidades y que su situación actual no define su destino. Empoderar a la mujer reconociendo que es importante, que tiene un gran potencial, que es una mujer valiosa con un propósito y un gran destino.

Al finalizar la lectura de este libro obtendrás grandes beneficios para tu vida y la de tu familia.

- Aumentarás tu autoestima y tu productividad, reconociendo que eres una mujer, valiosa e importante para Dios.
- Te convertirás en un agente de cambio al transformar tu vida y ser de ejemplo para otras mujeres en tu familia y en tu comunidad.
- Obtendrás claridad emocional y espiritual,

comprenderás que eres una mujer con un gran propósito divino.

- Serás motivada a hacer una introspección diaria, a orar y anotar tus pensamientos después de haber meditado y reflexionado.
- Fortalecerás tus relaciones familiares y con las personas que están en tu entorno.
- Recibirás motivación para vencer los desafíos del diario vivir, buscar la paz y la felicidad.
- Tendrás motivación para la sanidad interior y la libertad.
- Potencializarás tus talentos para utilizarlos de forma productiva con tu familia, en la comunidad y con las personas que te rodean.
- Establecerás metas a corto y a largo plazo para superarte.
- Superarás tus miedos y temores a los cuales te enfrentas en tu diario vivir.
- Tendrás una comunicación más efectiva y tendrás relaciones interpersonales de alta calidad.

«Pues yo sé los planes que tengo para ustedes—dice el Señor—. Son planes para lo bueno y no para lo malo, para darles un futuro y una esperanza.» Jeremías 29:11 (NTV)

Dios tiene grandes planes para ti, Él desea tomarte de la mano para que puedas obtener la sanidad a las heridas del pasado, guiarte hacia la verdadera libertad y mostrarte un porvenir lleno de esperanza. Para que un día puedas decir: «Soy una mujer llamada propósito ¡y nací para ser libre!»

Capítulo 1

EN EL VIENTRE DE MI MADRE

«Tú creaste mis entrañas; me formaste en el vientre de mi madre. ¡Te alabo porque soy una creación admirable!»
Salmos 139:13-14

A pesar de la forma en la cual fuiste concebida, ya sea de forma natural, a causa de un embarazo no deseado, como resultado de una violación o por fertilización in vitro, hay muchos sentimientos y sensaciones dentro de ti. Quizá esto te hace sentir un poco incómoda con tus padres, en el entorno de tu hogar y no sabes el porqué. Son muchos los pensamientos y emociones: te sientes rechazada, no amada, que fuiste un accidente y piensas que eres un estorbo en la vida de tu familia.

En ocasiones vienen a tu memoria recuerdos de palabras negativas, frases de crítica o alguna comparación que escuchaste en tu niñez. Puedes identificar una gran tristeza dentro de ti, pero no tienes una explicación. Miras a tu alrededor y dices: «Quiero sentir que pertenezco a mi familia». No te atreves hacer preguntas, no encuentras una respuesta ni una explicación que pueda contestar tantas interrogantes dentro de ti. Todo esto viene a robarte tu paz y la felicidad que siempre has anhelado. Hay momentos en los cuales comienzas a llorar y no sabes el porqué. En las noches, no puedes dormir y solo Dios y tu almohada son testigos de tus noches de llanto y de desvelo. A pesar de todo esto, eres una mujer con un propósito divino.

ESTA ES MI HISTORIA

Mi mamá quedó embarazada a la edad de quince años, era una menor de edad. Durante el proceso de gestación pasaron muchos pensamientos por su mente, pues era una adolescente la cual se enfrentaba a grandes retos en su vida. En el proceso de embarazo, los sentimientos y emociones de mamá son transmitidos al bebé y también puede escuchar su voz. Nací a los siete meses de embarazo, fui una bebé prematura y pesé dos libras y media. Al nacer me colocaron en una incubadora y el pronóstico de vida no era muy alentador. Los médicos dijeron que yo tenía muy pocas probabilidades de vida, y que si sobrevivía iba a tener retardo mental o simplemente quedaría en estado vegetativo.

Mi cuerpo era muy frágil y aún algunos de mis órganos no se habían desarrollado en su totalidad. Esto conllevó que estuviera hospitalizada, dentro de una incubadora, por varios meses recibiendo unos cuidados especiales. La oración y la fe de mi abuelita fue una gran medicina durante todo este proceso. Los médicos no se podían explicar cómo era que yo aún permanecía con vida. Al salir del hospital ya pesaba cinco libras y podía chupar por mí misma, pero aún necesitaba tratamiento médico; y sobre todo mucho amor. Poco a poco fui creciendo y desarrollándome con normalidad a pesar de algunas condiciones de salud. Cuando era niña, eran muchas las cosas que no podía entender, pero hoy puedo comprender y ver con claridad el cuidado de Dios sobre mi vida, su gran amor y su protección, desde el vientre de mi madre. Por tal razón, soy una persona única, especial e importante para Él. Hoy puedo entender que ese era el inicio de algo grande que Dios haría. Él me impartió su cuidado y estuvo conmigo en el proceso de gestación, me guardó de la muerte en varias ocasiones. Su gran amor me protegió, me abrazó, me consoló y sopló aliento de vida, sobre mí. Y me puso nombre: Eres una mujer llamada Propósito.

REFLEXIÓN

Puede que te sucediera lo mismo o quizá te puedes identificar con algunas de las situaciones anteriores. Al leer, hay memorias y escenas que vienen a tu mente. No permitas que esos sentimientos de rechazo o de tristeza que tienes dentro de ti tomen el control de tu vida. Tú no eres un accidente, no eres producto de un error, eres una mujer especial, eres única, no hay otra como tú. Fuiste creada por Dios en el vientre de tu madre, Él sopló aliento de vida sobre ti: te creó y te diseñó como una gran joya preciosa. Tienes un valor incalculable, eres una mujer con un gran propósito divino y con un gran destino. Dios quiere sanar tu corazón, sanar tu autoestima, tus emociones y sentimientos. Él quiere transformar tu vida y hacer de ti una mujer diferente. Dios quiere devolverte la sonrisa de felicidad que un día perdiste.

ORACIÓN

Señor, me acerco a ti, reconozco que me creaste en el vientre de mi madre y que tu amor incondicional me dio vida. Que, aunque los pronósticos no impartían ningún tipo de esperanza, me diste vida. Hoy puedo entender que no soy producto de un error. Quiero que sanes mis emociones y mi corazón herido.

Te entrego todo mi dolor y mi tristeza, sáname, cámbiame, transfórmame y lléname de tu paz. Por favor, abrázame fuerte, yo sola no puedo, te necesito hoy más que nunca. Devuélveme la sonrisa que he perdido con el transcurso de los años. Gracias, Señor, porque hoy puedo identificar la raíz de lo que me ha estado sucediendo y perturbando desde hace tanto tiempo. Haz de mí una mujer nueva, cumple tu gran propósito en mi vida.

Desde hoy quiero decir: «De modo que, si alguno está en Cristo, nueva criatura es; las cosas viejas pasaron; he aquí todas son hechas nuevas.» (2 Corintios 5:17). Soy una mujer nueva, soy una mujer llamada Propósito. Amén.

Mi reflexión

....

....

....

....

....

....

....

....

....

....

....

....

....

....

....

....

....

Capítulo 2

PREGUNTAS SIN RESPUESTAS

*«Aunque mi padre y mi madre me dejaran,
con todo, Jehová me recogerá.»*
Salmos 27:10

Puede ser que hayas tenido el privilegio de nacer en el seno familiar con tus padres o quizá te hayas criado con tus abuelos, con algún otro familiar o hayas sido adoptada. También existe la posibilidad que aquí no tengas ningún familiar y ellos se encuentren en tu país de origen y te hayan criado unas personas que no pertenecen a tu familia y eran desconocidos para ti. Quizá el gigante del divorcio tocó a la puerta de tu familia y fuiste abandonada por alguno de tus padres. O tenías que pasar los fines de semana alternos entre tus dos familias o nunca has conocido a alguno de tus padres.

Hay momentos en los cuales no tienes un sentido de pertenencia y sientes que no perteneces a tu núcleo familiar. Probablemente antes de que lleguen los días festivos, comienzas a llenarte de tristeza y ansiedad porque sabes que tú no tienes una familia como los demás. Se te dificulta contestar cuando te hacen preguntas sobre tu familia, y frecuentemente evades el tema. Te has percatado que tienes una conducta explosiva, problemas con el manejo de la ira, episodios de agresividad y a veces reaccionas con violencia y eso te hace sentir frustrada. No quieres ver las fotos en las redes sociales, porque te abate una gran tristeza y un gran dolor. Cuando escuchas a tus amigas, haciendo planes de actividades familiares, simplemente no las quieres escuchar, porque tu situación familiar es diferente. Cuando ves a las personas compartiendo en familia, te entristeces y te preguntas: «¿Por qué no tengo una familia? ¿Por qué no crecí con mis padres? ¿Por qué no tengo una familia normal, como todos los demás? ¿Por qué mi mamá o mi papá me abandonó? ¿Podré conocer a mis padres algún día? ¿Cuándo voy a tener una familia?» Sientes que tienes muchas preguntas sin respuestas. A pesar de todo, eres una mujer con un propósito divino.

ESTA ES MI HISTORIA

Luego de mi nacimiento, al salir del hospital fui a vivir con mis abuelos maternos. Cuando comencé a asistir a la escuela, podía ver que mis compañeros de clase tenían a sus padres, los cuales asistían a dialogar con las maestras de su progreso académico. También cuando había programas especiales del Día de la Madre, Acción de Gracias, graduaciones y en Navidad, me llamaba mucho la atención que estaban todos los miembros de la familia, incluyendo a sus abuelos. A pesar de que era una niña siempre me preguntaba: «¿Porque yo vivo con mis abuelos y no vivo con mi mamá ni con mi papá? ¿Por qué no tengo una familia como mis compañeros de clase? ¿Por qué no puedo vivir con mi mamá y mis hermanos como una familia? ¿Por qué mi papá se fue?» Tenía muchas preguntas sin respuesta y no podía entender lo que me estaba sucediendo. Para mí era sumamente difícil cuando se hablaban de temas sobre la familia y mucho peor aun cuando había que llevar una foto familiar o tenía que dibujar a mi familia.

Yo sabía que tenía mi madre biológica y dos hermanos menores que yo, pero no podía entender por qué no podía vivir con ellos. Hubo un día en el cual estaba en mi casa y estaba buscando en una caja, para mi sorpresa encontré mi certificado de nacimiento. Pude reconocer fácilmente el nombre de mi madre biológica, pero no pude reconocer el nombre de mi papá. Le pregunté a mi mamá dónde estaba mi papá y ella me respondió que él había fallecido. Pero había algo dentro de mí, que me decía que había algo más. Un día cuando estaba a solas con mi abuela, le pregunté: «¿Dónde está mi papá?» Cuando la miré a sus ojos, descubrí que me estaba diciendo la verdad. Me dijo que él se había ido de Puerto Rico cuando yo era una bebé y se mudó para los Estados Unidos con su familia. Recuerdo que me dijo con mucha ternura: «El día que menos te lo esperes, él va a aparecer y lo vas a conocer».

Mi abuela me había enseñado a creer en Dios, a orar y a creer que nuestras oraciones eran contestadas. Desde ese día comencé a orar a escondidas, porque yo quería saber quién era mi padre biológico. Me preguntaba: «¿Me pareceré a él?, ¿tendré más hermanos?, ¿me aceptará como su hija?» Quería saber si tenía más hermanos y hermanas, quería conocer mi familia. Puedo recordar lo mucho que lloraba pidiéndole a Dios por un milagro en mi vida. Simplemente creí con todo mi corazón en un milagro.

En ocasiones me sentía mal porque mi tío y mis tías me recordaban que yo no era hija, que solo era nieta. Eso me hacía reflexionar sobre mi vida y a la verdad traía mucho dolor a mi corazón. Comencé a entender lo que era el rechazo a muy corta edad; a pesar de lo que sentía, nunca le dije nada a mi abuela para no herirla y para que no sufriera por mí. Al cabo de unos años, comencé a notar que algo extraño me sucedía. En ocasiones estaba jugando con mis muñecas y sentía una gran ira dentro de mí, que hacía que tirara todas las cosas al piso y rompiera mis juguetes. Luego, comenzaba a llorar: algo estaba sucediendo en mi interior. Siempre me peguntaba: «¿Por qué siento tanto enfado y cuando lo siento, no me puedo contener?» Esto era algo que sucedía con mucha frecuencia. Comencé a destacarme en mis estudios, a sacar buenas calificaciones y a desarrollarme en las manualidades. Quería sentirme amada, importante, pero sobre todo aceptada.

A la edad de dieciocho años, al salir de la universidad, llegué a mi casa y al cabo de un rato, mi hermano me dijo que había una persona afuera de la casa buscándome. Yo no tenía ni idea de quién sería esa persona. Al salir vi a un hombre de mediana edad buscándome por mi nombre. Él comenzó a hacer preguntas: el nombre de mis abuelos, el nombre de mi mamá y alguno de mis familiares. Yo estaba un poco asustada, pues no sabía quién era esa persona. Cuando yo le dije mi nombre, él me dijo su nombre completo, me mostró una identificación con foto y me dijo: «Yo soy tu papá, vine a conocerte, toda mi vida he tenido el remordimiento de que tengo una hija y la abandoné. Vivo en la ciudad de New Jersey. Me propuse encontrarte y llevo un mes buscándote».

REFLEXIÓN

Puede ser que tú también hayas tenido preguntas similares o diferentes a las mías, preguntas a las cuales no puedes encontrar una respuesta o una explicación lógica. Te percatas que tienes cambios temperamentales y no sabes el porqué. Todos pasamos por situaciones difíciles, y hay una forma de manejar esa situación. Ven ante Dios porque Él te escucha y sí sabe consolarte. Así como hoy yo te digo mi historia para ayudarte, mañana Dios te usara a ti para ayudar a otras mujeres.

«Toda la alabanza sea para Dios, el Padre de nuestro Señor Jesucristo. Dios es nuestro Padre misericordioso y la fuente de todo consuelo. Él nos consuela en todas nuestras dificultades para que nosotros podamos consolar a otros. Cuando otros pasen por dificultades, podremos ofrecerles el mismo consuelo que Dios nos ha dado a nosotros.» 2 Corintios 1:3-4

ORACIÓN

Dios, hoy vengo ante ti para que me consueles, para que me ayudes, para que hagas un milagro en mi vida. Yo creo que traerás consuelo y respuesta a mi vida. Hoy voy a ser consolada a través de tu gran amor y poder. Mañana yo seré el instrumento que tú utilizarás para sanar a otros. Cumple tu gran propósito en mi vida.

Mi reflexión

Capítulo 3
ME DESPOJO DEL VESTIDO DE LA CULPA

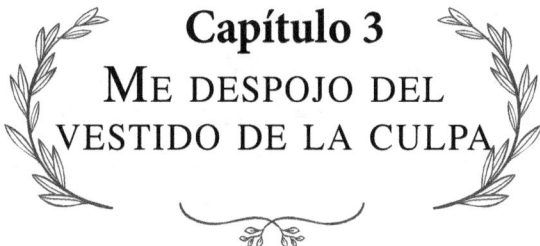

«Aquello que fue, ya es; y lo que ha de ser, fue ya;
y Dios restaura lo que pasó.»
Eclesiastés 3:15

En tu travesía por la vida puede ser que te hayas sentido culpable por alguna decisión que tomaste o por algo que hiciste. Puede ser que hayas mentido, cometido alguna infidelidad o tuviste que decidir sobre la vida de un hijo. Quizá participaste de un robo, en un crimen, estuviste en la cárcel, has estado en probatoria con un grillete electrónico o en encarcelamiento domiciliario. Te hace sentir culpable lo que hiciste y por el daño que le pudiste ocasionar a otros. Te roba la paz y la tranquilidad pensando en el pasado que ya quedó atrás y en el presente que tratas de reconstruir. No importa cuál haya sido tu situación: eres una mujer con un propósito divino.

ESTA ES MI HISTORIA

A lo largo de mi trayectoria por la vida ha habido momentos en los cuales he sentido que la culpa me acosa. Esto provocó que pasara por una temporada sintiéndome culpable de lo que sucedió en un momento determinado. La culpa surge cuando creemos que hemos cometido una falta y nos sentimos responsables por las consecuencias que esto haya provocado.

Conocí a mi padre biológico a la edad de 18 años. Un domingo, al salir de la iglesia, le dije a una de mis amigas si podía llevarme a la casa de mi papá pues apenas lo estaba conociendo y deseaba relacionarme más con él. Al llegar a su hogar fui bien recibida, pero pude notar que el ambiente estaba bastante tenso. Al dialogar con mi papá me percaté que estaba bajo la influencia del alcohol y comenzó a decirme cosas que jamás hubiera imaginado que un padre le pudiera decir a su hija, mi reacción fue comenzar a llorar y abandonar su hogar. Sus palabras estuvieron susurrando en mis oídos y comencé a sentirme culpable por esa visita que realicé. Dentro de mí siempre dije que esto había sucedido por mi culpa y que no hubiera ocurrido si yo no hubiera ido a su hogar. Años más tarde mi padre falleció inesperadamente y a mi mente vino ese recuerdo, porque a partir de esa visita ya no quise relacionarme más con él.

Tuve la oportunidad de asistir a un retiro de sanidad interior y al final de un taller preguntaron: ¿De qué tienes que despojarte en este día? ¿Cuál es esa situación que te agobia? En ese momento llegó el recuerdo a mi mente como una película y pude revivir el momento una vez más. Allí fue donde me arrodillé y le dije a Dios de lo profundo de mi corazón: «Me despojo del vestido de la culpa que he llevado por muchos años, este vestido no me corresponde». Pude perdonar a mi papá y a mí misma; fui libre de la culpa que había cargado por tanto tiempo. En ese momento sentí que el gran peso que había sobre mis hombros desapareció. Le doy gracias a Dios porque pudo impartirme la claridad que necesitaba para poder entender lo que sucedió y porque me vistió con Su gran paz y amor.

REFLEXIÓN

La culpa hace que nos enfoquemos en eventos del pasado y es aquí cuando tenemos que reflexionar y poder entender que el pasado ya no lo podemos cambiar. Podemos sacar provecho de las situaciones pasadas y aprender de ellas. La culpa puede acusarte constantemente de que has fallado, pero Jesús no solo te perdona de tus pecados, sino que te libera de toda culpa. No permitas que la culpa te paralice por algo que ya pasó: vive el hoy, el presente y el ahora.

Hoy tengo muy buenas noticias para ti, el pecado nos separa de Dios e impide que tengamos una comunicación y una relación con Él. Al morir en la cruz, Jesús pagó por la culpa de tus pecados y de los míos. El cargó con una culpa que no le correspondía, por el gran amor a la humanidad. A partir de ese momento hemos sido librados de la condenación del pecado y como consecuencia tenemos salvación y vida eterna. Lo único que nosotros tenemos que hacer es reconocer que somos pecadores y aceptar que su gran sacrificio de amor nos ha libertado de una gran culpa que había sobre nosotros. Cuando recibes a Jesús, Él restaura y transforma tu pasado y te hace una persona nueva. Por tal razón, hoy debes despojarte del vestido de la culpa que has estado utilizando, ¡no permitas que tu pasado te detenga! Dios te entrega un nuevo vestido de perdón, salvación y vida eterna. Encamínate con tu nuevo vestido hacia tu propósito divino.

«Por lo tanto, ya no hay condenación para los que pertenecen a Cristo Jesús.» Romanos 8:1

ORACIÓN

Señor, te pido perdón por mis pecados, reconozco que soy libre de toda culpa y de toda condenación, Jesús pagó el precio por mí, en la cruz. Me despojo del vestido de la culpa y me entregas vestiduras nuevas de salvación, gozo, paz y libertad. Me encamino con mis nuevas vestiduras hacia mi propósito divino, amén.

Mi reflexión

Capítulo 4
ME EMPUJARON CON VIOLENCIA

*«Me empujaste con violencia para que cayese,
pero me ayudó Jehová.»
Salmo 118:13*

Puede ser que hayas perdido tu casa, tuviste que desalojar el lugar donde habías vivido por tanto tiempo o las inclemencias del clima causaron daños a tu vivienda. Quizá perdiste tu empleo, enviudaste, el divorcio tocó a tu puerta, te quedaste sin tu vehículo, puede ser que hayas perdido a un ser querido inesperadamente o fuiste abandonada sin ninguna explicación. Esas situaciones repentinas te empujan hacia una nueva temporada en tu vida, hacia tu nueva realidad, en la cual sientes que tienes que comenzar nuevamente en cero. Que te hacen sentir triste por lo que has perdido, desamparada, sin dirección, pensando en que será lo primero que debes de hacer.

Con inseguridad porque no te sientes capacitada y no sabes si podrás lograrlo tu sola. En las noches no puedes conciliar el sueño y no puedes dejar de pensar en tu situación. Sientes que has sido empujada con violencia, repentinamente y te has caído al suelo y te has lastimado física, emocional y espiritualmente. A pesar de todo lo que está ocurriendo a tu alrededor, eres una mujer con un propósito divino.

ESTA ES MI HISTORIA

En el año 1989, en el Caribe, en la Isla de Puerto Rico, fue azotada por el huracán Hugo, con una devastadora fuerza de categoría 4. Yo me encontraba en mi casa, ese día no pude ir a trabajar porque los fuertes vientos habían arrancado muchos árboles y a su vez el tendido eléctrico. Estaba hablando a mi trabajo para indicar la razón por la cual no podía ir a trabajar, cuando de repente los fuertes vientos arrancaron el techo de mi casa. La fuerte lluvia y el viento golpearon con violencia todas nuestras pertenencias. Busqué un lugar seguro para mis padres, y luego recogí algunas pertenencias y las puse en mi carro. Todo paso tan rápido que cuando me di cuenta, lo habíamos perdido casi todo. Esto fue un golpe sumamente fuerte para mis padres y para mí.

A pesar de la situación, yo trabajaba en un hospital y tenía que ir a trabajar en el turno de la noche. Y por el día dormía en un colchón que nos habían regalado. Recuerdo que miraba la destrucción de mi casa y de nuestras pertenencias y comenzaba a llorar. Desde mi niñez estaba acostumbrada al paso de los huracanes, pero nunca había tenido la experiencia de perderlo todo.

Un día, el grupo de jóvenes de la iglesia a la cual asistía, fueron a mi casa y nos ayudaron a limpiar y remover los escombros. Al terminar de recogerlo todo, fue muy doloroso para mí el ver toda la destrucción que este fenómeno atmosférico había causado. Todo el trabajo y gran esfuerzo de mis padres se había echado a perder y teníamos que comenzar de nuevo.

Gracias a Dios, ni mis padres ni yo sufrimos daño físico; pudimos ser testigos de la protección de Dios, a pesar de la gran devastación. Cada día que pasaba vimos el sustento y la provisión que llegaba a nuestro hogar. Oraba y le pedía a Dios por nuevas fuerzas para continuar trabajando a pesar de todas las limitaciones que tuvimos que enfrentar. Fue un tiempo muy difícil y emocionalmente muy agotador. Sentí que fui empujada con violencia a comenzar nuevamente y a un nuevo estilo de vida. Cuando dormía, a pesar de que algunas veces eran varias horas, mi cuerpo tenía nuevas fuerzas, de manera tal que no me sentía cansada. Al cabo de un tiempo pudimos reconstruir nuestro hogar, con la ayuda de Dios. Mientras todo esto sucedía mi fe crecía y se fortalecía cada día.

La protección y la provisión de Dios no tiene límites porque Dios conoce nuestras necesidades.

REFLEXIÓN

En ocasiones surgen situaciones inesperadas, las cuales nos golpean sorpresivamente, en el momento menos esperado. Es como si estuviéramos viviendo una pesadilla, de la cual no podemos despertar. Somos golpeadas con violencia, la cual nos hace perder el balance y caemos al suelo, heridas y lastimadas. El poder volver a levantarnos se nos hace difícil, porque hemos sufrido una perdida significativa.

Aunque las lágrimas corran por tus mejillas y te sientas vulnerable, este no es tu final. Este es solo el gran comienzo de algo grande y maravilloso que Dios hará en ti y a través de ti. El pasado no se puede cambiar, solo puedes cambiar tu presente y tu futuro; el pasado es solo una memoria que quedará atrás como un recuerdo.

Este es el momento de que te levantes, te limpies las heridas y emprendas un nuevo rumbo, Dios comienza a escribir un nuevo capítulo en tu vida, en la cual tú eres la protagonista. Un día podrás comprender, que ese empujón con violencia te posicionó y te encaminó hacia tu propósito y hacia un nuevo destino. Tienes una nueva oportunidad para que te establezcas nuevas metas a corto y a largo plazo, tomada de la mano de Dios llegarás a tu destino. Te encaminas a ser una gran mujer con un propósito maravilloso.

«Olvidando lo que queda atrás y esforzándome por alcanzar lo que está por delante.» Filipenses 3:13.

ORACIÓN

Señor, reconozco que en mi caminar por la vida he sufrido heridas y he sido lastimada, te pido que en este momento sanes las heridas de mi corazón. Acepto el reto de volver a comenzar de nuevo tomada de tu mano. Hoy, tú comienzas a escribir un nuevo capítulo en mi vida con nuevas historias y con resultados impactantes para mí y para mi familia. Imparte nuevas fuerzas y paz, para encaminarme hacia la meta con paso firme y seguro, porque tú estás conmigo, amén.

Mi reflexión

....

....

....

....

....

....

....

....

....

....

....

....

....

....

....

....

....

Capítulo 5
¿POR QUÉ YO?

«El Señor está cerca de los que tienen quebrantado el corazón;
él rescata a los de espíritu destrozado.»
Salmo 34:18

A lo largo de nuestra vida tenemos que enfrentarnos a situaciones de salud las cuales pueden cambiar nuestra rutina para siempre, especialmente si son inesperadas e irreversibles. Puede ser que naciste con algún impedimento físico, como resultado de un accidente, diagnosticada con una condición terminal o alguna condición de salud que pudieras haber desarrollado inesperadamente como el cáncer, pueden marcar tu vida y vienen a robarte la paz, la tranquilidad y a borrarte tu hermosa sonrisa. Que te hace sentir con una baja autoestima, sientes temor a la muerte, te causa mucha vergüenza y dentro de ti tienes el corazón destrozado porque entiendes que no hay esperanzas. Te molestan las miradas de las personas y lo que estarán pensando de ti. Esto hace que te catalogues: que no eres una mujer normal, te sientes incompleta, con muy poco valor y la única esperanza dentro de ti es que ocurra un milagro. Hay momentos en los cuales te has preguntado: «¿Vale la pena vivir de esta manera?» Puede ser que te identifiques con algunas de estas situaciones, pero a pesar de todo eso, eres una mujer con un propósito divino.

ESTA ES MI HISTORIA

Fui a la universidad y terminé una carrera, comencé a trabajar de inmediato y luego me casé. Al cabo de un año, decidí ir al médico porque deseaba tener hijos. Fui al ginecólogo, me realizaron un examen físico y unas pruebas de laboratorio, luego regresé para los resultados. El médico me indicó que lamentablemente yo tendría problemas para tener hijos porque tenía un problema de ovulación y esto hacía que un embarazo fuera difícil. Fui sometida a varios tratamientos médicos y al cabo de un tiempo recibí una terrible noticia. El doctor me notificó que yo tenía un diagnóstico de infertilidad/esterilidad. Lo primero que vino a mi mente fue: «¿Por qué yo?»

Comencé a visitar diferentes especialistas de infertilidad, fui sometida a varios estudios, procedimientos quirúrgicos y diferentes tratamientos para poder quedar embarazada. A pesar de todos los intentos, nada dio resultado. Ese proceso fue frustrante y doloroso, cada vez que me hacía una prueba de embarazo, los resultados eran negativos. Llegó el momento en el cual la prueba de embarazo se tornó en algo bastante frustrante y aterrador para mí. Comencé a sentir una baja autoestima y a sentirme una mujer incompleta.

Llegó el momento en el cual me tuve que rendir en oración ante Dios. Humillarme ante su presencia con todo mi corazón como nunca lo había hecho. Un día estaba en mi casa y recibí la visita de una persona conocida por la familia. Al llegar me explicó el propósito de su visita, me dijo que había venido a mi casa a ungir mi vientre. Esa tarde oraron por mí y ungieron mi vientre. Desde ese día le dije a Dios: «Si tú me das la oportunidad de ser madre, te dedicaré mi hijo y te serviré por el resto de mi vida en señal de agradecimiento. Dios haz tu voluntad en mi vida». Desde ese día decidí no acudir más a los médicos para ningún tipo de tratamiento.

Un día al cabo de cinco años, una persona que conocía me dijo: «Tuve un sueño en el cual tú estabas embarazada y que habías tenido una niña hermosa». Yo me comencé a reír, pues dentro de mí ya había perdido las esperanzas. La persona que había tenido el sueño me dijo que me haga una prueba de embarazo. Me demoré al tomar la decisión, pero me la hice. La prueba salió positiva. Yo decía que era una prueba defectuosa y terminé haciéndomela cinco veces, con varios días de intermedio. Luego fui al médico y confirmaron que estaba embarazada. Desde ese momento ya no volví a ser la misma. Dios había hecho un gran milagro en mi vida. Mi vida quedó impactada y hoy puedo decir: ¡Gracias, Dios!

REFLEXIÓN

Hay sentimientos que quieren tomar el control de tu vida, no permitas que la confusión y la desesperación se apoderen de ti. Parece como si una gran tempestad estuviera azotando tu vida. Dios tiene el poder para cambiar la tempestad en bonanza, para calmar los vientos impetuosos que te golpean y que te confunden. Él conoce la situación por la cual estás pasando y está contigo, no te ha dejado sola ni un minuto. Ve ante Dios con un corazón sincero, exprésale cómo te sientes, cuáles son tus luchas y tus angustias. Entrégale tu enfermedad, tu impedimento, tu dolor y esa situación a la cual has dicho: «necesito un milagro». Dios escucha tu oración y te abraza fuerte, para que puedas continuar. Así que acerquémonos con toda confianza al trono de la gracia de nuestro Dios. Allí recibiremos su misericordia y encontraremos la gracia que nos ayudará cuando más la necesitemos (Hebreos 4:16).

ORACIÓN

Hoy me acerco ante ti, con un corazón sincero, para pedirte que se haga tu voluntad en mi vida. Ten misericordia de mí, Señor, te necesito hoy más que nunca. Que tu inmensa paz inunde mi ser. Imparte fe para creer que tu harás algo grande en mí. Hoy recibo nuevas fuerzas para seguir hacia adelante. Que tu gracia sea manifiesta en mi vida. Amén.

Mi reflexión

....

....

....

....

....

....

....

....

....

....

....

....

....

....

....

....

....

Capítulo 6
SOPLO DE VIDA

*«Aun cuando yo pase por el valle más oscuro,
no temeré, porque tú estás a mi lado.
Tu vara y tu cayado me protegen y me confortan.»*
Salmos 23:4

A pesar de que estés pasando por una situación adversa, sientes que ya se te acabaron las fuerzas para luchar y no sabes qué más hacer, has agotado todos los recursos disponibles y no sabes qué otra puerta tocar para pedir ayuda. Tus finanzas están en el nivel más bajo, tu condición de salud no mejora y el médico ha dicho, que no hay nada más qué hacer, que solamente tienes que esperar el momento. Te hace sentirte impotente, temerosa, sin protección y en un callejón sin salida. Y en ocasiones has pensado en quitarte la vida y así todo se acabará para siempre. Aunque la incertidumbre haya llegado a visitarte, ¡tú eres una mujer con un propósito divino!

ESTA ES MI HISTORIA

En una ocasión tuve que ser sometida a un procedimiento quirúrgico en mi útero. Al terminar, el ginecólogo me indicó que todo había salido bien. Me fui a mi casa a descansar y luego de varios días comencé a trabajar. Al cabo de siete días, comencé a sentir un poco de dolor en mi vientre y a tener un leve sangrado. El médico me indicó que tenía que guardar reposo absoluto por varios días. Un domingo por la mañana me desperté y al levantarme para ir al baño, comenzó una fuerte hemorragia, lo cual me indicaba que algo no estaba bien. Acudí al hospital y al caminar notaba que el sangrado era más profuso y había un gran charco de sangre por todo el pasillo, dejando una gran huella, de repente comencé a sentirme débil. Los médicos y las enfermeras no podían determinar la causa de esa hemorragia tan intensa. Mientras tanto yo comenzaba a escuchar las voces del personal médico bien lejos, el sangrado seguía aumentando y sentí que el frío que se apoderaba de mi cuerpo y una tiniebla comenzaba a rodearme.

A pesar de todo lo que acontecía, comencé a orar en mi mente y le pedí a Dios que tuviera misericordia de mí. Recuerdo mi oración: «Señor, tú eres mi Dios, yo sé que no me has dejado, haz un milagro, imparte aliento de vida sobre mí». A los pocos minutos llegó una enfermera a comunicarme que me habían hecho unos análisis para ver cómo estaba mi hemoglobina para saber si tenía que recibir una transfusión de sangre, ella me dijo que estaba confundida pues mi sangrado iba en aumento y no se detenía, y era imposible que mi hemoglobina estuviera normal. En ese momento casi sin fuerzas le dije: «Eso solamente lo puede hacer mi Dios». Esa tarde me llevaron a la sala de operaciones, de emergencia y encontraron que una arteria de mi útero se había desprendido. Estuve en mi casa una semana en recuperación sin ningún tipo de complicación. Verdaderamente Dios sopló aliento de vida sobre mí, le pertenezco a Él, pues depositó un destino y propósito sobre mí. ¡Gracias, Dios!

REFLEXIÓN

Tú y yo pasamos por diferentes temporadas; puede ser que estés frente a la temporada de otoño en la cual comienzan los vientos fríos, a caer la lluvia y los fuertes vientos hacen que tus hojas comiencen a caer sin control y tu corteza se comienza a secar. Dios está contigo para ayudarte e impartir un nuevo soplo de vida sobre ti. Las puertas que habían estado cerradas, hoy se abren de par en par como respuesta a tu oración. Nuevas fuerzas son depositadas en ti para que puedas persistir, la provisión y el sustento que necesitas llega de forma inesperada. Hoy, Dios deposita un soplo de vida sobre tu cuerpo enfermo, no morirás, sino que vivirás. El cuidado de Dios sobre tu vida es inigualable, llegarán hojas nuevas a tus ramas y reverdecerás. Es tiempo de activar tu fe, de creer que él hará un milagro en tu vida. Florecerás, como nunca, serás un testimonio vivo de las grandes maravillas que Dios ha hecho en tu vida. No moriré sino que viviré para contar lo que hizo el Señor (Salmo 118:17).

ORACIÓN

Señor, aquí estoy delante de ti, tu conoces mi condición y la situación por la cual estoy pasando; imparte tu soplo de vida sobre mí. Recibo ese aliento que me empodera, que me llena de vigor y de nuevas fuerzas. Recibo el aliento de vida que me impartes y la fe para creer que tú estás conmigo cuidándome y protegiéndome. Alumbra mi camino con tu luz admirable y guía mis pasos. No moriré en el camino, al contrario, viviré para contarle al mundo entero, tus grandes maravillas, Amén.

Mi reflexión

Capítulo 7
DIOS ME CREÓ HERMOSA

«Toda tú eres hermosa, amada mía,
bella en todo sentido.»
Cantares 4:7

Hay momentos en los cuales vienen recuerdos a tu memoria sobre tu niñez, puede ser de comentarios negativos que te hicieron tus padres, tus hermanos, un familiar, tus amigas de la escuela o del vecindario. Comparación con alguno de tus hermanos, un sobrenombre o simplemente al mirar a tus amigas te diste cuenta de que eras diferente. Pudo haber sido por tu color de piel, por la textura de tu cabello, tu estatura, la forma de tu cuerpo, tu lugar de origen, alguna marca de nacimiento o quizá por algún defecto físico. Que te hace sentir una mujer fea, inferior, en desventaja, sin oportunidades, descalificada e impotente sin poder hacer nada para cambiar tu presente. Y piensas que es mejor estar sola y aislada para evitar el contacto con la gente y así evitar exponerte a que te hagan preguntas, que resultan embarazosas. A pesar de todo eres una mujer con un propósito divino.

ESTA ES MI HISTORIA

Desde pequeña siempre había sido una niña obesa,

usaba lentes con bastante aumento y no tuve una persona la cual me enseñara a maquillarme o arreglarme el cabello; y mis padres carecían de recursos económicos para comprarme ropa de moda. Al mirar a mis compañeras sabía que era diferente. Me consideraba fea y sin atractivo y no me gustaba mirarme el espejo ni que me tomaran fotos. Nunca le dije a nadie como me sentía, ni siquiera a mis padres, esto lo guardé en mi corazón por muchos años. Recuerdo que una vez una amiga me dijo que yo era una persona rara y que era diferente a las demás. Esto ocasionó que fuera una persona tímida, introvertida y muy callada. Casi no tenía amistades y me la pasaba sola la mayor parte del tiempo.

En mi adolescencia, comencé a destacarme en mis estudios, a sacar buenas calificaciones, a desarrollarme en manualidades y en la decoración. También participaba en dramas y fui maestra de niños en escuela de verano. Tomé varios cursos de decoración y comencé a conocer amigas las cuales también se distinguían en esa área. Yo quería llamar la atención, decir: «Estoy aquí, existo», y deseaba que me tomaran en cuenta. Reconocía que a pesar de lo que otras personas dijeran de mí, tenía unos talentos y habilidades. Tenía una baja autoestima y tuve que lidiar con esa situación por muchos años. Esto lo guardé dentro de mí como un gran secreto.

Alrededor del año 2000, me mudé y comencé a asistir a una iglesia la cual me habían invitado. Una de las cosas que más me impresionó fue cuando asistí al grupo de mujeres, pude ver el gozo y la alegría que sus rostros reflejaban, cantaban, danzaban con una libertad increíble. Dentro de mí dije: «Yo quiero ser como ellas». Me invitaron a un retiro de mujeres de tres días y yo asistí. Desde el primer día, comenzaron a dar talleres de sanidad interior y una mañana uno de los talleres era de autoestima. En ese encuentro, Dios sanó mi baja autoestima y desde ese momento en adelante yo también podía, alabar, danzar y tener una sonrisa a flor de labios, sin ninguna vergüenza. Pude entender que era una mujer hermosa, creada a la imagen de Dios, no hay otra mujer en el mundo como yo, me acepto tal y como soy. Aprendí a amarme a mí misma, tengo talentos y habilidades únicas y soy hermosa, por dentro y por fuera. Desde ese momento en adelante, comencé a desenvolverme con mucha seguridad en mí misma, a ser más extrovertida, a tener amistades y a participar como líder de mujeres en una comunidad de fe. ¡Gracias, Dios, me hiciste libre!

REFLEXIÓN

Hay ocasiones en las cuales nos miramos en el espejo y vemos una imagen distorsionada y es porque nuestra autoestima, nuestra imagen y nuestro amor propio están heridos. Hay una imagen que se dibuja en el espejo, pero con nuestra mente vemos otra. Nos miramos de acuerdo con lo que dicen nuestras amigas, lo que escuchamos de nuestros compañeros de escuela, de nuestros familiares y de lo que establece la sociedad. Ahí es cuando comenzamos a sentirnos incómodas con nuestra imagen y comenzamos a actuar teniendo como base como nos sentimos. La sociedad establece que para ser bonita debes tener una figura esbelta, vestir a la moda y ser muy popular. Los comerciales en la televisión, las películas, las revistas venden esa imagen, como un estándar aceptable, nos mide a base de nuestra apariencia y a eso lo llaman éxito. Pero eso es una falsa imagen y está bien lejos de la realidad.

En nuestro interior nos tenemos que enfrentar a nuestra niña herida y tener la certeza de que Dios te ama y que estuvo contigo desde que estabas en el proceso de gestación, fuiste entretejida una mujer hermosa. Hoy es el día en el que tienes que levantar tu cabeza y despojarte de todas tus inseguridades. Tienes talentos y habilidades muy particulares, que te hacen única y especial, no hay otra mujer en el mundo que sea como tú. Hay muchas personas que quisieran tener tus talentos, tus rasgos físicos y que te admiran, pero aún no te has dado cuenta, porque has permanecido mucho tiempo en aislamiento y desolación. Eres hermosa por dentro y por fuera como una piedra preciosa, como una gran joya de valor incalculable.

«Mujer virtuosa, ¿quién la hallará? Porque su estima sobrepasa largamente a la de las piedras preciosas.» Proverbios 31:10

ORACIÓN

Señor, hoy te entrego todo aquello que escuché sobre mí y que me causaron heridas profundas y que callé por tanto tiempo. Reconozco que me creaste a tu imagen y semejanza, me has capacitado con talentos y destrezas que me hacen ser única y especial. Me perdono a mí misma, por haber tenido una imagen distorsionada, quiero amarme a mí misma como nunca. Reconozco que me creaste hermosa por dentro y por fuera. Hoy salgo de mi zona de conformidad para decir que soy una joya de gran valor en tus manos, amén.

Mi reflexión

....

....

....

....

....

....

....

....

....

....

....

....

....

....

....

....

....

....

Capítulo 8
EL PERDÓN TE LIBERA, ¡SÉ LIBRE!

«Por el contrario, sean amables unos con otros, sean de buen corazón, y perdónense unos a otros, tal como Dios los ha perdonado a ustedes por medio de Cristo.»
Efesios 4:32

Puede ser que eres una mujer que utiliza la frase: «Perdono, pero no olvido», porque has sido herida, lastimada, rechazada y los recuerdos de tu niñez y de tu pasado aún se encuentran frescos en tu memoria y te hacen sentir con coraje con el solo hecho de pensar en la persona que te hirió, sientes que la otra persona es la que tiene que pedirte perdón, porque no fue culpa tuya. Simplemente un día decidiste sacar a esa persona de tu vida para siempre y bloqueaste su número telefónico y todas las redes sociales. Quizá sientes una mezcla de coraje y de dolor, pero tomaste la decisión de continuar tu camino por la vida. A pesar de todo lo que estés viviendo hoy día, eres una mujer con un propósito divino.

ESTA ES MI HISTORIA

A la edad de 18 años conocí a mi padre biológico.

Recuerdo que al momento de conocerme me preguntó si lo podía perdonar por haberme abandonado. Con la emoción de conocerlo y de tener a mi padre delante de mí, contesté muy rápidamente y le dije que lo perdonaba, pero en realidad yo no sabía lo que conllevaba el proceso de perdonar. En una ocasión, fui a visitarlo y me dijo palabras muy hirientes que contenían un alto grado de rechazo y me marcaron para el resto de mi vida. Desde ese momento en adelante decidí sacarlo de mi vida para siempre.

En el año 2000, me encontraba en el trabajo y recibí una llamada telefónica en la cual me informaron que mi papá había fallecido de una forma trágica y ese evento ocupó los titulares noticiosos. Estuve con mi hermana y su familia durante el proceso de cremación; y cuando el agente funeral preguntó si alguien quería decir unas palabras, todos se miraron y hubo un gran silencio. Yo me levanté y delante del cuerpo sin vida de mi padre leí el Salmo 23.

Luego de este evento pasaron varios años y asistí a un encuentro de mujeres, un retiro de sanidad interior y para mi sorpresa, el primer tema del taller del retiro era sobre el perdón. De repente, fue como si estuviera mirando una película con esa última interacción y todo el diálogo que tuvimos. Durante la ministración pude reconocer que necesitaba perdonar a mi papá, pero lo más difícil fue que ya él no estaba ahí para poder pedirle perdón. Reconocí que no lo había perdonado por orgullo propio. La persona a cargo del taller me guió para yo perdonar a mi papá y sacar todo el dolor y las heridas que su rechazo había causado en mí. En ese momento le entregué al Señor mi orgullo, mi culpa y me rendí ante Su presencia para poder perdonar. Luego en la noche llegó el momento de testimonios y de celebración, sentía un gozo maravilloso, había sido liberada de una gran carga que llevaba sobre mis hombros. Ese día, como Padre amoroso, Dios sanó mi corazón y por eso puedo decir: el perdón te libera, ¡sé libre!

REFLEXIÓN

Hay ocasiones en la cual una persona nos hiere o nos ofende, y nosotras decidimos echar toda esa carga emocional en una mochila y llevarla toda la vida sobre nuestros hombros. Hay ocasiones que hasta nos olvidamos de que aún estamos con una carga que no ha podido ser liberada. Uno de los retos más grandes para nuestra sanidad interior es el perdonar. El sanar es una decisión que tú y yo tenemos que tomar, y nadie lo puede hacer por nosotros. El acto del perdón te libera y también a esa persona que has tenido encarcelada, mediante el perdón ocurre una libertad de doble acción. Esto implica ir al pasado y tocar tu dolor para poder sanar. Dios hace una parte, pero hay otra que nos toca a nosotras. Cuando perdonas genuinamente, podrás recordar lo que te lastimó, pero ya no sentirás dolor al recordar.

Cuando Jesús estuvo en la cruz, se encontraba en el momento más vulnerable de su vida y decidió pagar por una culpa que no le correspondía. Por tal razón fuiste liberada de una condenación que tú y yo debíamos pagar. Su gran amor hizo que fuera a la cruz y perdonara a toda la humanidad. Él ha sido el mayor ejemplo de perdón que haya existido, por tal razón nos invita a perdonar a quienes nos han ofendido, así como él nos otorgó el perdón en la cruz. En la cruz, observó a sus ofensores y de su boca salieron palabras libertadoras. Y Jesús decía: «Padre, perdónalos, porque no saben lo que hacen» (Lucas 23:34).

ORACIÓN

Señor, hoy decido perdonar a _____, quien me ofendió e hirió mi corazón. Hoy le otorgo el perdón y lo libero de toda culpa. Sana mi corazón de toda ofensa y llévate el coraje que hay dentro de mí. Reconozco que tú me perdonaste en la cruz y hoy quiero seguir tu gran ejemplo. Gracias por ayudarme a perdonar, así como tú lo hiciste. Llena mi vida con la plenitud de tu gozo, el perdón me liberta, ¡yo nací para ser libre!

Mi reflexión

....

....

....

....

....

....

....

....

....

....

....

....

....

....

....

....

....

Capítulo 9
PARALIZADA POR EL TEMOR

«¡Sé fuerte y valiente! No tengas miedo ni te desanimes, porque el Señor tu Dios está contigo dondequiera que vayas».
Josué 1:9

A lo largo de nuestra vida tendremos que tomar grandes decisiones, las cuales impactarán nuestro futuro. Quizá necesitas decidir a qué universidad irás a estudiar, cuál será la mejor carrera universitaria para ti, con quién te casarás, si te mudas a otra ciudad o a otro estado. Puede ser que quieras comprar tu primera casa, tu primer carro, buscar tu primer empleo, someter tus documentos para la residencia, para una visa, tener tu primer hijo, comenzar un negocio o escribir tu primer libro. A pesar de todas las sensaciones que provoca que tomes esa decisión, que te hace sentir con inseguridad, temor al fracaso, el que puedas fallarle a tus padres o a tu familia o que no sabes qué es lo mejor para ti, eres una mujer con un propósito divino.

ESTA ES MI HISTORIA

Tomé la decisión de mudarme de Puerto Rico

hacia los Estados Unidos. Desde niña había viajado a visitar a mi familia y siempre lo tuve como una meta a largo plazo. Sabía de antemano que sería un cambio radical, pero en general soy una persona que se adapta fácilmente a los cambios. Al llegar estuve viviendo con un familiar y luego pude vivir independientemente, aquí es cuando puedo reconocer e internalizar todo el proceso de cambio y de adaptación. Cambio de clima, cambio de idioma, estilo de vida y como profesional fue un gran reto el poder conseguir mi primer empleo, pues no contaba con la experiencia que me requerían dentro de los Estados Unidos para poder ejercer. Pude experimentar el proceso de transición de mi hija en todo este cambio, especialmente al tener que ir a la escuela y no poder entender a sus profesores ni a sus compañeros. En una ocasión, la maestra de mi hija le preguntó si ella quería ir a un grupo bilingüe o si quería quedarse en un grupo regular y ella contestó muy segura de sí misma que deseaba continuar con su grupo regular pues deseaba dominar el idioma rápidamente, y lo logró al cabo de tres meses.

Todos estos eventos me hicieron más consciente de mi gran realidad, comencé a sentir que no podía manejar la situación y que el temor comenzó a apoderarse de mí de una forma paralizante. La frustración me llevó a pensar que todos los caminos conducían hacia el fracaso. Sentí que el temor tomó el control de mi vida, todas las puertas que habían estado abiertas se cerraron y no sabía qué hacer. Allí es cuando sentí que Dios era mi única alternativa: necesitaba una intervención divina. Comencé a asistir a la iglesia y a un grupo de oración.

Puse todo en las manos de Dios y me dije a mi misma: «Evelyn, es tiempo de creer, Dios cumplirá Su propósito en mi vida».

Un día de camino a una entrevista de trabajo, recibí una llamada del Departamento de Salud, para indicarme que había pasado la entrevista y que había sido seleccionada para la posición y me indicaron la fecha de inicio en mi nuevo empleo. Al terminar la llamada tuve que detenerme a llorar y a darle gracias a Dios porque Él sabe que es lo mejor para nosotros y lo que nos conviene. Acercarme más a Dios me impartió la fe que necesitaba para creer en un milagro, en el momento que más lo necesitaba. ¡Gracias, Dios, por tu provisión!

REFLEXIÓN

La toma de decisiones es un poco difícil pues conlleva una gran responsabilidad y los resultados nos impactarán a lo largo de nuestra vida. Los cambios pueden producir temor e inseguridad. Jesús también tuvo que tomar grandes decisiones. Antes de escoger a sus discípulos se fue a orar toda la noche, Él quería asegurarse de que tomaría la mejor decisión. A lo largo de los años ha quedado demostrado que la elección de los doce discípulos fue una decisión muy acertada. Jesús y los doce, revolucionaron el mundo de manera tal que hoy lo utilizamos como un gran ejemplo. La oración es la llave que te conduce abrir la puerta correcta y a tu favor.

Si en ese proceso sientes temor e inseguridad, Dios

te dice: «Sé fuerte y valiente, no tengas temor ni te desanimes porque estoy contigo». Él te ha entregado una gran llave que abre las puertas más grandes y pesadas: es la oración. Hoy tienes que decir: «Es tiempo de creer, de activar mi fe en una dimensión diferente, Dios cumplirá su propósito en mi vida. De hoy en adelante caminaré libremente creyendo y confiando en su respuesta».

«No tengas miedo, porque yo estoy contigo; no te desalientes, porque yo soy tu Dios. Te daré fuerzas y te ayudaré; te sostendré con mi mano derecha victoriosa.» Isaías 41:10

ORACIÓN

Señor, vengo ante ti en oración. Desvanece mi temor y mi inseguridad. Me impartes nuevas fuerzas, sabiduría y valor, tú sostienes mi vida. Activa mi fe para creer en milagros sobrenaturales. Tomo la llave que me has entregado, la oración, para que tu gracia actúe sobre mi vida y abras las puertas a mi favor. No estoy sola, porque tú me tomas de la mano para encaminarme a mi propósito, amén.

Mi reflexión

Capítulo 10
CAMBIO DE ESCENARIO

*«Aunque las higueras no florezcan y no haya uvas en las vides,
aunque se pierda la cosecha de oliva y los campos queden vacíos
y no den fruto, aunque los rebaños mueran en los campos y los
establos estén vacíos, ¡aun así me alegraré en el Señor! ¡Me gozaré
en el Dios de mi salvación! ¡El Señor Soberano es mi fuerza!»*
Habacuc 3:17-19

En el año 2020, muchas personas sufrieron un cambio de escenario de forma repentina; y quizá tú hayas sido una de ellas. Puede ser que la compañía para la cual trabajabas tuvo que cerrar por la pandemia, perdiste tu empleo, al tener a tus hijos en la casa no tenías quién los cuidara y tuviste que renunciar al trabajo. Quizás fuiste una de las personas que se enfermó por un tiempo prolongado y tuviste que quedarte en casa para poder recuperarte. O tal vez tuviste que cuidar de algún familiar cercano y te contagiaste o sufriste varias perdidas de familiares lo cual te ocasionó una sobrecarga emocional. Cualquiera que haya sido tu situación, eres una mujer con un propósito divino.

ESTA ES MI HISTORIA

Me gustan mucho las obras de teatro y los musicales,

75

y una de las cosas que más me ha llamado la atención es el cambio de escenario. Todo transcurre en medio de la oscuridad y con una rapidez impresionante, de pronto tienes ante tus ojos un panorama completamente diferente. Hubo un tiempo en mi vida en la cual tuve que tomar la decisión de mudarme de un estado a otro. Al mudarme tenía un apartamento el cual había rentado con anticipación y había sido empleada por uno de los mejores hospitales de la ciudad. El proceso de transición fue bastante fácil pues lo había planificado todo y soy una persona que se adapta fácilmente a los cambios. Al cabo de cinco meses, repentinamente, me quedé sin trabajo y perdí mi única fuente de ingreso. Para mí fue un golpe muy difícil que me llenó de mucha frustración; mi vida cambió de escenario en un abrir y cerrar de ojos. Comencé a sentirme con mucha ansiedad, desesperación y a la misma vez muy presionada por las circunstancias.

Estuve buscando empleo, llenando muchas solicitudes en línea, pero se me hizo bastante difícil conseguir uno. Hubo un momento en el cual comencé a meditar en mi situación y tuve que reconocer que había rechazado la ayuda de otras personas porque yo quería hacerlo todo por mí misma y con mis propias fuerzas. Me sentía frustrada, incompetente y desesperada. Fue entonces cuando tuve que reconocer que nada iba a suceder hasta que yo le cediera el control total de la situación a Dios.

Un día temprano en la mañana, le dije a Dios: «Yo he querido manejar esta situación con mis fuerzas y mis capacidades, pero te entrego el control absoluto para que seas tú quien obre y haga un milagro en mi vida». Recuerdo que le pregunté a Dios: «¿Dónde quieres que trabaje?» Al cabo de unos días, me hablaron de un lugar para entrevistarme. Acudí a la entrevista y el mismo día me dieron la posición que estaba buscando. En la actualidad, sigo desempeñándome en ese trabajo desde hace quince años. En una temporada de oscuridad de mi vida, hubo un cambio de escenario y la desesperación, frustración y la ansiedad desaparecieron. Al llegar a mi hogar tuve que arrodillarme para dar gracias a Dios por su gran amor y su gran provisión. ¡Gracias, Dios, por ser mi proveedor y depositar tu gracia sobre mi vida!

REFLEXIÓN

En una ocasión, Jesús fue a visitar a Marta y esta comenzó a prepararle una cena, su hermana María estaba con ella, pero ella se sentó a escuchar las enseñanzas de Jesús en vez de ayudarla. Esto ocasionó que Marta se sintiera frustrada y comenzó a quejarse con Jesús de la conducta de su hermana. Jesús le contestó que ella estaba preocupada e inquieta por los quehaceres. Me imagino la sorpresa de Marta al escuchar que Jesús describió objetivamente lo que había observado en su conducta y quizás ella actuó sin darse cuenta de lo que hacía.

Cuando pasamos por un momento de frustración nuestra capacidad para ser objetivos se afecta considerablemente. Cuando no podemos alcanzar las metas que nos hemos propuesto esto nos afecta y nos convertimos en personas muy vulnerables. Comenzamos a utilizar nuestros mecanismos de defensa y descubrimos que tenemos un nivel de tolerancia muy bajo. Aquí es cuando aparece la frustración, la ansiedad y podemos desarrollar cambios de conducta inesperados tales como la ira y la agresividad. La frustración puede gritarle a tu mente, a tus oídos y a tu corazón que algo ha salido mal, que te has esforzado, has corrido la milla extra, pero no has conseguido tu objetivo.

Es importante el poder hacer una introspección y analizar cómo hemos estado manejando la situación y cuál ha sido nuestra respuesta. Las emociones no pueden tomar el control de nuestra vida. Es cuando llega el momento de estar a solas con Dios y confesar cómo nos sentimos y reconocer que a través de toda circunstancia hay una gran enseñanza. Esto te acercará más a Dios y te ayudará a desechar la frustración, la queja y la culpa. Confiar plenamente en la voluntad de Dios traerá grandes recompensas a tu vida. El cambio de escenario no define ni cambia el propósito de Dios en tu vida.

«Y sabemos que a los que aman a Dios, todas las cosas les ayudan a bien, esto es, a los que conforme a su propósito son llamados.» Romanos 8:28

ORACIÓN

Señor, reconozco que me siento frustrada porque las cosas no resultaron como yo quería. Hoy decido cambiar de escenario y confiar plenamente en ti. Me impartes nuevas fuerzas y el gozo que necesito para encaminarme hacia el propósito que en mí has declarado, amén.

Mi reflexión

....

....

....

....

....

....

....

....

....

....

....

....

....

....

....

....

....

....

Capítulo 11
HOY LEVANTO MI CABEZA

«No temas, ya no vivirás avergonzada. No tengas temor,
no habrá más deshonra para ti.»
Isaías 54:4

Haber nacido en Latinoamérica es un gran orgullo para ti y para mí, pero en ocasiones los medios noticiosos, los políticos y la sociedad, te hacen estar más conscientes de tus raíces latinas. Puede ser que hayas venido a pasar una temporada o a vivir a los Estados Unidos buscando un mejor futuro para ti y tu familia. Tal vez tienes pasaporte, una visa, un permiso de trabajo, por TPS o DACA.

Quizá fuiste una de esas mujeres que cruzaron la frontera y tuviste que enfrentar grandes peligros y retos. Que en ocasiones te hace sentir avergonzada, por tu color de piel, por tu lugar de origen, porque no hablas inglés, con temor a que pueda llegar ICE y ser deportada. Que lo único que haces es trabajar de sol a sol para poder ayudar a tu familia y en ocasiones quizás te has preguntado si en realidad vale la pena y hasta has pensado en regresar a tu país. A pesar de las circunstancias que puedan rodearte, eres una mujer con un propósito divino.

ESTA ES MI HISTORIA

Creo que los latinos que vivimos en los Estados Unidos hemos experimentado qué se siente vivir rodeados de una cultura anglosajona y ser señalado por nuestra apariencia, color de piel, nuestro idioma, nuestro acento al hablar el idioma inglés y por nuestro lugar de origen. Al escucharnos hablar español, he escuchado cuando dicen: «No español», «no comprende», «no problemo» o «go back to your country». Esto es el reto con el cual nosotros los latinos nos tenemos que enfrentar cada día.

Soy enfermera y trabajo en un hospital, y por muchos años estuve trabajando turnos rotativos, Esto me impedía asistir los domingos a la iglesia. Hubo un momento que pude entender el propósito de Dios en mi vida y comencé a orar por una estabilidad. Recuerdo que oré y le dije a Dios en oración: «Yo quiero hacer tu voluntad, quiero cumplir con todo lo que me has encomendado, pero necesito que hagas algo con mi trabajo». Desde ese momento comencé a orar por esa petición por unos cinco años. Al cabo de varios meses se abrió una posición en otro departamento, apliqué para la posición y dije: «Esa posición tiene mi nombre: Evelyn Perales». Fui a la entrevista y al cabo de varias semanas me informaron que me habían escogido para la posición, que trabajaría de lunes a viernes, sábados y domingos libres y días feriados. Ese día recibí una promoción que fue la respuesta a una petición de oración y de mi fe en Dios.

Al llegar el primer día de trabajo, me percaté que

yo era la única mujer latina en ese departamento; algunas personas que me conocían, comenzaron a preguntarme cómo era que yo, siendo latina, había llegado a esa posición. Con el paso de los meses, una de mis compañeras me dijo: «Desde que llegaste aquí, el ambiente que tenemos es de paz y tranquilidad, verdaderamente Dios te trajo a trabajar con nosotros». Tengo la certeza de Dios abrió la puerta para que yo llegara a ese lugar.

Estoy muy orgullosa de ser una mujer latina, cristiana, del lugar donde nací, la Isla del Cordero, mi bella isla del encanto, Puerto Rico, de mi cultura, de mi idioma español, de mis costumbres, tradiciones, de nuestra comida, de nuestra música y de todos los talentos que Dios ha depositado en nosotros, para marcar una diferencia. En ocasiones muchas personas me han marginado por ser latina y me han hecho sentir muy mal. Pero hoy puedo levantar mi cabeza en alto, sin temor y sin vergüenza he podido demostrar, que nosotras, las mujeres latinas no nos damos por vencidas, somos inteligentes, luchadoras y podemos escalar grandes peldaños a pesar de los obstáculos. ¡Sí se puede!

REFLEXIÓN

Latinoamérica cuenta con muchos lugares de habla hispana y el idioma español ha trascendido mundialmente. Hemos sido golpeados con el racismo y el menosprecio de muchos, pero a su vez hemos podido demostrar que podemos llegar lejos. Tu lugar de nacimiento, tu nivel de educación o tu nivel social no pueden definir tu propósito. Cuando reflexionamos en la vida de Jesús y vamos a la historia, podemos ver el lugar donde nació: un establo, un humilde pesebre. Ese lugar fue testigo del nacimiento del hombre más grande de toda la historia del mundo.

El lugar donde naces no define tu destino; hoy es día de que levantes tu cabeza y eches a un lado la vergüenza, el temor. Eres una mujer llena de sueños de metas, pero sobre todo con un gran propósito divino. Vive orgullosa de tus raíces, de tu origen y del lugar donde naciste, porque Dios hará cosas grandes y maravillosas en tu vida y a través de ti.

«Porque un niño nos es nacido, hijo nos es dado, y el principado sobre su hombro; y se llamará su nombre Admirable, Consejero, Dios Fuerte, Padre Eterno, Príncipe de Paz.» Isaías 9:6

ORACIÓN

Señor, te doy gracias por el lugar donde nací, por mi cultura, por mis raíces latinas. Ese lugar no define ni limita las grandes cosas que tú harás en mi vida. Hoy, levanto mi cabeza, sin vergüenza y sin temor porque soy una mujer llamada Propósito, Amén.

Mi reflexión

....

....

....

....

....

....

....

....

....

....

....

....

....

....

....

....

....

Capítulo 12
HE VISTO LA LUZ

«Yo soy la luz del mundo. Si ustedes me siguen,
no tendrán que andar en la oscuridad porque tendrán
la luz que lleva a la vida.»
Juan 8:12

Todo estaba bien en tu vida y de momento, te quedaste sin empleo, te enfrentas ante una separación o un divorcio, uno de tus hijos decide irse de la casa, tienes una seria crisis económica, pierdes tu casa, tienes un accidente, muere algún ser querido o te enfermas. Que te hace sentir sin estabilidad, confundida, sola, desamparada, que te hace sentir con desesperación, caminando entre tinieblas y oscuridad y no encuentras una salida. Con temor al futuro, a tomar decisiones, a dar un paso hacia adelante, porque no sabes qué camino tomar y cómo enfrentar tu nueva realidad. A pesar de tu situación, eres una mujer con un propósito divino.

ESTA ES MI HISTORIA

Al nacer de forma prematura y al haber estado expuesta a la luz ultravioleta de las incubadoras, desarrollé varias condiciones en mi visión. Nací sin visión en mi ojo izquierdo, y solamente tengo visión en mi ojo derecho. Un día estaba trabajando y me percaté de que no podía leer en la computadora, tenía una sombra en la parte superior de mi ojo y solo podía ver de la mitad hacia abajo. Inmediatamente le comenté a una compañera de trabajo, hablé con mi supervisor y le hablé a mi médico para explicarle mi situación. Acudí a su oficina y me hizo varios exámenes y me comunicó que había tenido un desprendimiento de retina. Me tenían que operar al siguiente día de emergencia y el procedimiento para corregir ese problema conllevaría de dos cirugías y no me podía garantizar que recobrara mi visión. El desprendimiento de retina con frecuencia les sucede a personas que al nacer han sido prematuras debido al desarrollo incompleto de la retina.

Desde pequeña siempre había sido muy cuidadosa con mis ojos debido a que solo tenía visión en uno de mis ojos. También me aterraba la idea de que algún día me quedara ciega. Mientras me hacían la preadmisión en el hospital, no podía ni hablar del llanto y del temor a lo que pudiera suceder. Simplemente oraba y le pedía a Dios que tuviera misericordia de mí, que no permitiera que perdiera la visión y que durante la cirugía estuviera conmigo. Al próximo día me llevaron a sala de operaciones y el proceso de recuperación fue sumamente difícil, pues no tenía visión en mi ojo izquierdo. Al cabo de 30 días me realizaron mi segunda cirugía, y al próximo día fui a ver al cirujano para remover mis vendajes. Cuando me removieron los vendajes, no podía ver. En 24 horas había desarrollado una catarata que cubría todo mi ojo, esto conllevaría una tercera cirugía. Tuve que esperar 30 días adicionales para poder ser sometida a un tercer procedimiento quirúrgico. Luego del tercer procedimiento, acudí nuevamente para que me removieran los vendajes y tan pronto fueron removidos, pude decir: «He visto la luz». Estuve ciega por un periodo de tres meses, y el haber trabajado en un hospital para personas no videntes me ayudó a aplicar las destrezas que les había enseñado a tantas personas, en mi vida personal. Estuve ciega, en tinieblas y en oscuridad, durante todo ese tiempo, mi hija y mi esposo fueron los ojos que Dios utilizó en mi proceso de recuperación.

REFLEXIÓN

Hay grandes desafíos que tienes que enfrentar a lo largo de tu trayectoria, situaciones, que te paralizan, que te detienen en el camino y causan mucha confusión. Las tinieblas y la oscuridad no te permiten ver con claridad. El amor de Dios por ti es grande, y Él escucha tu oración. Cuando te acercas, Él alumbra tu camino como una gran antorcha encendida, te imparte luz para que puedas atravesar tu situación con paso firme y seguro. Imparte claridad a tus pensamientos para que puedas tomar decisiones sabias en tu vida. Hoy se derriba la muralla del temor y de la inseguridad porque Dios te toma de la mano para caminar contigo, no estás sola. En este día tus tinieblas y confusión, son disipadas, porque Dios está en control. Su paz te proporciona seguridad y nuevas fuerzas. La situación que hoy enfrentas es temporal, Dios imparte confianza para seguir, estabilidad, confianza y paz.

«Tu palabra es una lámpara que guía mis pies y una luz para mi camino.» Salmos 119:105

ORACIÓN

Señor, alumbra mi camino y guía mis pasos. Yo quiero ver tu luz, tú eres la luz del mundo, disipa las tinieblas que me rodean. Quiero seguirte, para que me alumbres con tu luz admirable y me impartas guía y dirección. Hoy decido recibir tu luz verdadera, alumbra mi camino, mi vida y todo lo que me rodea. Tomo tu mano para caminar; yo sé que tú estás conmigo. Amén.

Mi reflexión

Capítulo 13
REGRESA A CASA

*«Me sacó del foso de desesperación del lodo y del fango y
uso mis pies sobre suelo firme y a medida que
yo caminaba, me estabilizó.»*
Salmos 40:2

Puede ser que un día aceptaste caminar tomada de la mano de Dios, pero algo sucedió y tomaste la decisión de seguir tu propio rumbo. Piensas que puedes sola, que es tiempo de descubrir y experimentar nuevas cosas, de seguir a tus amistades que ejercen presión y que son de mucha influencia. Piensas que eres muy joven y tienes que disfrutar de la vida y buscar nuevos horizontes.

Cuando tengas un poco más de edad y adquieras experiencia, regresas y te acercas nuevamente a Dios. Pero a pesar de todo lo nuevo en lo cual has incursionado, reflexionas y puedes sentir que algo falta en tu vida. Que te hace sentir que no eres feliz, que hay una pieza que aún falta, tienes trabajo, eres una mujer de sociedad, has incurrido en lo que está de moda, pero hay un gran vacío en ti y no sabes cómo llenarlo. En ocasiones recuerdas cuando estabas cerca de Dios, cerca de su presencia y extrañas el gozo y la felicidad que sentías. A pesar de todo lo que estas sintiendo, en este día Dios quiere recordarte, que eres una mujer con un propósito divino.

ESTA ES MI HISTORIA

Luego de mi primera cirugía de desprendimiento de retina, el médico me dio unas instrucciones bien precisas: Tenía que estar acostada boca abajo por espacio de diez días y solamente podía levantarme 5 minutos entre cada hora, pero con la cabeza hacia abajo. Tuve que alquilar un equipo especial para poder estar acostada en esa posición. Esto se debía a que esta posición iba a favorecer mi retina ejerciendo presión sobre ella y así no se volvería a desprender durante el proceso de cicatrización. Sentía mucho dolor en mi ojo derecho y en toda mi cara. Ese tiempo fue sumamente difícil pues casi no podía dormir y tenía todo mi cuerpo adolorido por la posición. Comenzaron a salir áreas de presión en mi piel, no podía valerme por mí misma y durante esos diez días, parecía que el tiempo no avanzaba. Mi esposo tomó una semana libre de su trabajo, pero luego se tuvo que ir a trabajar y regresaba a la casa para administrarme los medicamentos ordenados cada cuatro horas. Al no tener familia en Chicago, me quedaba sola la mayor parte del tiempo. Durante ese tiempo me encontraba apartada de Dios y una gran tristeza y desesperanza de apoderaron de mí. No tenía ninguna garantía por parte del médico; y el temor de no recobrar mi visión me llenaba de mucha angustia.

Un día decidí comenzar a escuchar música cristiana durante todo el día. Oraba y le pedía a Dios que impartiera sanidad sobre mi visión, así pasé los primeros 30 días de mi recuperación. La alabanza y la adoración a Dios, comenzó a cambiar la atmósfera que me rodeaba, mis emociones y mis sentimientos. Cada día, al escuchar la música, era como si Dios mismo me estuviera hablando de situaciones específicas. Recuerdo que comencé a escuchar una canción la cual relataba una historia de una persona que se había alejado de Dios. Al instante pude sentir que una dulce voz habló a mi corazón y me dijo: «Hija, regresa a casa». Inmediatamente comencé a sentir una paz y una tranquilidad que llenaba toda mi habitación. Entre sollozos, comencé a orar y le dije a Dios: «Hoy regreso a casa». Desde ese día en adelante, pude sentir que era otra persona, me llené de un gran optimismo y pude recobrar la fe que un día había perdido.

Luego de ese evento, fui sometida a otras dos operaciones, fue un proceso largo y bastante difícil, pero, sentí una gran fortaleza para seguir hacia adelante. En este día puedo decirte que recuperé mi visión por mi ojo derecho y luego de once años, aún mi retina se encuentra intacta y mi visión no ha disminuido. Es maravilloso buscar a Dios cada día de nuestra vida, podemos ver a Dios obrar en nosotros, en nuestra familia y en las personas que nos rodean. Estoy agradecida de Dios por la sanidad que depositó en mí y por Su obra redentora.

REFLEXIÓN

Hay momentos en la vida en el cual tomas la decisión de emprender tu rumbo sola y sin Dios, por un camino totalmente diferente y desconocido, tratando de buscar nuevas experiencias. Buscando llenar un vacío e intentando ser feliz. En ese caminar te encuentras con veredas torcidas en las cuales, resbalas y caes al suelo. Al caer te puedes llenar de lodo y sufres fuertes golpes y heridas. Te rodean lobos feroces que quieren devorarte y destruirte. Pero hoy a llegado el momento de reconocer de que sin Dios estás perdida en el camino.

A pesar de todo eso, Dios ha estado contigo, cuidándote y esperando por ti con sus brazos abiertos. Su gran amor es incomparable. Dios te ama y espera por ti para perdonarte tus pecados e impartirte guía y dirección. Hoy te dice: «Hija mía, regresa a casa». Abre tu corazón y recibe su gran perdón. Hoy, Dios te llama hija, te entrega una gran herencia y te encamina a cumplir tu propósito.

«Jesús le contestó: Yo soy el camino, la verdad y la vida; nadie puede ir al Padre si no es por medio de mí.» Juan 14:6

ORACIÓN

Señor, hoy tomo la decisión de regresar a casa, me arrepiento de todos mis pecados. Tú eres el único camino, que lleva a la salvación y la vida eterna. Reconozco que soy tu hija y que tienes grandes cosas para mí. Guía y afirma mis pasos, imparte seguridad para que yo camine, por el camino de la verdad que me lleva hacia ti. Gracias por tu perdón y tu gran misericordia. Amén.

Mi reflexión

Capítulo 14
ESTE NO ES EL FINAL

«No los abandonaré como a huérfanos;
vendré a ustedes.»
Juan 14:18

Probablemente al nacer fuiste a vivir con tus padres biológicos o puede ser que fuiste a la casa de alguno de tus abuelos, con una tía, con algún familiar, o quizás con una persona desconocida que te proveyeron todos los cuidados y el amor que necesitabas para hoy ser la persona que eres. Pero repentinamente ocurrió alguna situación en sus vidas y ya no están. Que te hace sentir sola, abandonada, huérfana, desamparada y no sabes que pasará de aquí en adelante pues ya no cuentas con ellos. Puede ser que sientas, que de aquí en adelante tu vida ya no será igual porque su partida ha dejado un gran vacío y no sabes si puedas seguir adelante sin ellos. A pesar de todo lo que pueda estar pasando en tu vida, eres una mujer con un propósito divino.

ESTA ES MI HISTORIA

No importa la manera en la cual creciste; quizá puedes decir, como yo, que tuviste a los mejores padres del mundo.

Soy una mujer afortunada, porque además de mis padres biológicos, Dios me dio a mis abuelos maternos como padres. Hubo un momento en el cual mi abuelo enfermó gravemente y le diagnosticaron cáncer de próstata con metástasis, ya el cáncer había invadido varios de sus órganos. Aún puedo recordar la última vez que lo vi en la unidad de cuidados intensivos, ese día cuando lo visité, como enfermera sabía que esa sería la última vez. Aún puedo recordar su mirada, y creo que él también sabía lo que sucedería. Al día siguiente, a las 8 am, recibí la llamada telefónica que estaba esperando para decirme que ya había partido. Sentí la perdida de mi papá, fue algo muy difícil y doloroso, fue como si me hubieran arrancado un pedazo de mi corazón, porque, aunque no era mi padre biológico, para mí fue el mejor padre del mundo.

Cuando ese evento sucedió comencé a reflexionar sobre lo difícil que sería cuando le tocara a mi abuela. Muchos años más tarde mi abuela enfermó y fue diagnosticada con cáncer al pulmón y estuvo dos años en tratamiento de quimioterapia. Hubo un momento en que comenzó a desarrollar muchas complicaciones relacionadas a su condición y también falleció. Cuando recibí esa noticia, sentí un dolor tan fuerte en mi corazón que no podía resistir. Tuve que ir de emergencia a Puerto Rico para su sepelio y luego cuando regresé a mi hogar comenzó una gran batalla dentro de mí. Comencé a sentirme huérfana, desamparada y con una soledad y un gran vacío dentro de mí. No sabía cómo sería mi vida de ahora en adelante. Al cabo de varias semanas este pensamiento llegó a mi mente: «Evelyn, este no es el final». Oré y le pedí a Dios que me diera fuerzas para seguir hacia adelante, que se llevara esos sentimientos de orfandad y de desamparo de mi vida que me ayudara a continuar con el gran legado que mis padres habían dejado. Desde ese momento en adelante, cobré ánimo y nuevas fuerzas pues sabía que tenía una gran responsabilidad delante de mí. Estoy muy agradecida con Dios, pues me dio unos padres maravillosos y dignos de admirar. Nunca me trataron como una nieta, sino como una hija legítima. Lo que un día pareció un gran final, hoy lo puedo ver como el inicio de un gran legado. ¡Gracias Dios, por mami y papi!

REFLEXIÓN

A lo largo de nuestra vida tenemos que enfrentarnos a despedidas, a la separación de algún ser querido o tener que ser partícipes del fallecimiento de alguno de nuestros padres, de la persona que te vio crecer o de alguna persona significativa en tu vida. El momento de partida de un ser querido hace que muchas emociones y sentimientos florezcan en ese momento determinado. La Biblia nos narra que los discípulos estuvieron con Jesús de forma constante, conviviendo y aprendiendo de Él por tres años y medio. Acudieron a muchos lugares juntos, fueron partícipes de muchos milagros, recibieron grandes enseñanzas y también pasaron por situaciones difíciles: eran como una gran familia. Durante todo ese tiempo, Jesús les dijo que su estadía era temporal y que un día Él partiría. Un día llegó el momento del que tanto Jesús le había hablado y ascendió al cielo. Los discípulos miraban atónitos al cielo hasta que lo vieron desaparecer entre las nubes. Creo que cada uno de ellos pasaron por un periodo de pérdida, se sintieron huérfanos y desamparados y sin saber qué hacer y quizá también pensaron, como yo, que ese era el final. Por tal razón Jesús les había dicho que no los abandonaría como a huérfanos, eso era temporal, pues prometía regresar. ¡Qué regalo tan hermoso nos dejó Jesús al partir!, nos dejó al Espíritu Santo para que estuviera con nosotros, para que nos acompañara, nos consolara y no nos sintiéramos solas.

Puede ser que tu mamá, tu papá, tus hijos o ese ser querido que amaste con todo tu corazón, le ha tocado partir, pero hoy el Espíritu Santo quiere recordarte las enseñanzas, los valores, todos los bellos momentos que pasaron juntos. Hay un gran legado que ha sido depositado en ti y es tiempo de que te encamines a cumplirlo. Este no es el final, un día volverán a reunirse en las mansiones celestiales. Dios guía tus pasos y abre camino para que cumplas con la gran misión que tienes por delante.

«Jesús le dijo: Yo soy la resurrección y la vida. El que cree en mí vivirá aun después de haber muerto.» Juan 11:25

ORACIÓN

Señor, enjuga mis lágrimas al recordar la partida de mi ser querido. Te entrego mi tristeza, mi dolor, mi soledad. Arranca el sentimiento de desamparo y orfandad que me está abatiendo. Yo decido creer en ti para que me impartas salvación y vida eterna. Decido creer en tu promesa, aunque mi cuerpo muera, viviré contigo para siempre, amén.

Mi reflexión

....

....

....

....

....

....

....

....

....

....

....

....

....

....

....

....

....

....

Capítulo 15
NACÍ PARA SER LIBRE

«Y conoceréis la verdad,
y la verdad os hará libres.»
Juan 8:32

Hay ocasiones que, en tus momentos de soledad, reflexionas y te encuentras contigo misma. Y puedes descubrir cosas que solo tú conoces, es como abrir un gran baúl de recuerdos que te traen recuerdos alegres, momentos inolvidables, tus éxitos y logros en la vida, el día de tu boda, el nacimiento de tu primer bebé, cuando compraste tu casa, el adquirir el trabajo que tanto deseabas o el ir de vacaciones al lugar que siempre habías soñado. También puede ser que lleguen a tu memoria recuerdos dolorosos, como tu separación o divorcio, tu fracaso al no poder terminar tu carrera, la muerte de un ser querido, el rechazo, el abandono, el recuerdo de ciertas conversaciones que quedaron inconclusas y sabes que algún día tienes que terminar, y que te hacen sentir que a pesar de que has logrado mucho en la vida, hay algo que te falta, que no puedes sentir una felicidad plena. Que cuando todos se van y te quedas sola, hay una gran tristeza dentro de ti, pero has decidido guardar ese sentimiento como un gran secreto. A pesar de todo lo que estas pasando, eres una mujer con un propósito divino.

ESTA ES MI HISTORIA

En un momento determinado, comencé a sentir que había algo que faltaba en mi vida. Tenía una buena familia, una hija ejemplar, un buen esposo, un buen trabajo y una carrera profesional exitosa. Me gusta mucho viajar y conocer diferentes culturas, viajé varias veces a Europa, América Latina, el Caribe; tomé clases de salsa por un año, estaba rodeada de amistades y me desenvolvía en un círculo social estable. Un día, al estar sola meditando, fui confrontada conmigo misma y sentí que en el gran rompecabezas de la vida había una gran pieza que faltaba. Necesitaba sanar de algunas heridas del pasado. Caminaba por la vida en mi zona de confort y no quería salir de ella. El primer paso fue el reconocer que necesitaba sanar y que necesitaba buscar ayuda, luego de esto comencé a asistir a consejería y a sanidad interior.

Al mirar mi interior podía sentir dolor, rechazo, falta de perdón, temor, compulsividad, frustración, ansiedad y coraje por mencionar algunos. Podía recordar el pasado y aún podía sentir las heridas muy frescas dentro de mí. Este proceso tomó varios años, pero hoy puedo decir con certeza, que yo estaba viviendo en una cárcel espiritual que había anestesiado mi dolor con muchas cosas para evitar que doliera. Esto ocasionó que pudiera reflexionar y tomar acción de inmediato.

Un día tuve que reconocer que el único que puede sanar mi interior, mi corazón herido y abrir mi cárcel espiritual es Dios. El día que fui confrontada en mi soledad, simplemente, él vino a tocar a la puerta de mi corazón para invitarme a sanar y ser libre de las cadenas que me tenían atada. Lo único que tuve que hacer fue aceptar mi condición y abrir la puerta de mi corazón de par en par y recibir la libertad que Él prometió para cada una de nosotras. Yo he conocido la verdad, Jesús es el camino que necesito para obtener, perdón, salvación y vida eterna. Recibí sanidad física, emocional y espiritual, las cadenas que me ataban fueron rotas a través de su amor y de su gran poder. ¡Gracias, Dios, yo nací para ser libre!

REFLEXIÓN

La Biblia nos narra que había una mujer que llevaba dieciocho años enferma, me imagino que había agotado todos los recursos económicos que tenía, tratando de buscar una solución a su problema. Jesús estaba enseñando en una sinagoga y esta mujer estaba allí, de repente la vió; creo que al mirarla pudo darse cuenta de su físico, porque su condición de salud era muy notable. Pero también vio su corazón, su condición emocional, espiritual y su gran desesperación. Luego de verla, la llamó, la escogió y le dijo: «¡Mujer, eres libre!»

En ese momento, fue libre de su enfermedad física, ya no tenía que andar encorvada, podía enderezarse y mirar a las personas al rostro. El tiempo de mirar hacia el suelo y de solo ver sandalias llenas de polvo había terminado. Fue libre de la vergüenza que la acosaba por dieciocho largos años, al haber sido marginada y aislada por la sociedad. Experimentó ser libre de su dolor físico, emocional y espiritual. Esa mujer pudo experimentar lo que sucede cuando Jesús llega: hay un antes y un después, hay transformación, hay libertad. Si estás leyendo este libro, no es una casualidad; hoy Jesús te mira y te llama por tu nombre y te dice: ¡Mujer, eres libre! (Lucas 13:12).

ORACIÓN

Señor, tomo la decisión de sanar, te invito a que abras la puerta de mi cárcel espiritual, hoy mi condición tiene fecha de expiración. Has fijado tu mirada en mí y me has llamado por mi nombre, he escuchado el susurro de tu voz decirme: ¡Mujer, eres libre! Amén.

Mi reflexión

Capítulo 16
LE DIJE ADIÓS AL DOLOR

«Me mostrarás el camino de la vida
me concederás la alegría de tu presencia
y el placer de vivir contigo para siempre.»
Salmo 16:11

Cada una de nosotras tenemos nuestra propia historia familiar, lo cual puede hacer que sintamos mucha alegría o mucha tristeza. Puede ser que hayas sido adoptada, criada en un hogar sustituto o con algún familiar. Quizá nunca has conocido a tus padres biológicos y dentro de ti hay muchas preguntas, y un dolor que has estado ocultando por temor a ser juzgada. Tal vez alguno de tus padres haya sido deportado, vinieron al Norte a buscar un mejor porvenir o puede que hayan fallecido. No permitas que el dolor tome control de tu vida porque a pesar de tu situación, eres una mujer con un propósito divino.

ESTA ES MI HISTORIA

Hay procesos en nuestra vida los cuales son muy dolorosos y nos hacen sentir devastadas. Cuando nací, fui a vivir con mis abuelos maternos, no conocí a mi papá hasta la edad de 18 años y me relacionaba con mi madre biológica. Siempre tuve la carencia de tener mi propia familia biológica, me refiero a vivir con mis padres y mis hermanos. Siempre tuve que vivir bajo la sombra de la nieta de doña Carmen y don Pancho. Cuando hablaba de mis padres tenía que explicarles a las personas la historia que ellos eran mis abuelos, pero que para mí eran mis padres. Aún recuerdo cuando estaba en la escuela primaria y me dijeron que tenía que hacer un árbol familiar y yo no sabía por dónde comenzar. Esta situación fue lacerando mis emociones y con el paso de los años comencé a sentir un gran dolor interno el cual guardé muy bien para que nadie se enterara.

A la iglesia a la cual asistía celebraban la semana de la familia y yo siempre admiraba las familias que participaban y siempre me preguntaba: «¿Qué se sentirá el tener una familia y ser parte de ella?» Cuando iba a visitar a mis amigas, siempre me gustaba ver las familias y cómo interactuaban. En una ocasión tuve la oportunidad de ir a un crucero y me llamó mucho la atención lo importante que era para las familias el tomarse una foto; y al meditar en mi hogar, en mi casa nunca hubo una foto de nuestra familia. Mis abuelos me dieron todo el amor, cariño, cuidados y fueron unos excelentes proveedores. Yo sabía que tenía una familia, pero estaba en busca de lo que yo creía que era una verdadera familia.

Con el paso de los años y al escuchar las historias familiares por parte de mi hermana, he podido entender que Dios tuvo un cuidado muy especial conmigo al enviarme a vivir con mis abuelos. Hoy puedo entender con mucha claridad que Dios tenía un gran propósito en mi vida y que quiso cuidarme y guardarme de muchas cosas. También he podido entender que en mi etapa de adolescencia yo tenía un concepto equivocado de lo que era una familia. Por tal razón, un día tomé una decisión: le dije adiós al dolor que sentía y le dije a Dios: «Gracias por la familia que me has dado, yo sí tengo una familia». Doy gracias a Dios por todo lo que mis padres sembraron en mí, una semilla sembrada en terreno fértil la cual ha dado fruto. Hubo una siembra de valores, amor y fe. Al escribir este libro puedo recordar las palabras de mami al decir: «Todo lo que te propongas en la vida lo podrás lograr, si pones a Dios primero». ¡Gracias, Dios, por bendecirme con mami y por papi!

REFLEXIÓN

La gran mayoría de las veces no podemos ver lo que Dios tiene detrás de los escenarios porque estamos enfocados en lo que tenemos delante de nuestros ojos. La Biblia narra la historia de una joven llamada María, quien estaba comprometida con un joven llamado José. A esta se le apareció el ángel Gabriel, quien le dijo que iba a quedar embarazada y que iba a tener un hijo. Me puedo imaginar todo lo que pasó por la mente de ambos en ese tiempo en el cual serían señalados y juzgados por la sociedad. Pero a pesar de lo que pudiera suceder, ambos decidieron obedecer.

Ellos tuvieron a un hijo que había sido concebido a través del Espíritu Santo y tenían la gran responsabilidad de educarlo, criarlo y darle una gran familia. Este niño tenía un llamado y su vida tenía un gran propósito para con la humanidad.

Dios te ha dado la familia que tienes porque tú también tienes un gran propósito, aunque no lo puedas ver o entender. Dios te ha provisto un cuidado único y especial y te ha proporcionado los mejores padres del mundo, aunque no sean tus padres biológicos. Hoy, Dios te muestra la realidad en tu vida para que le digas adiós al dolor de no haber tenido una familia como pensabas, para que puedas vivir con alegría y gozo. Dios tiene unos escenarios totalmente desconocidos para nosotras los cuales nos encaminan hacia su plan maestro. Un día podrás darte cuenta de que todo lo que te ha sucedido en la vida han sido los eslabones que Dios ha utilizado para encaminarte hacia tu propósito divino. «Pues yo sé los planes que tengo para ustedes dice el Señor, Son planes para lo bueno y no para lo malo, para darles un futuro y una esperanza.» Jeremías 29:11

ORACIÓN

Señor, hoy me despido del dolor y le digo adiós para siempre. Hoy me muestras el camino y me impartes el gozo y la alegría que solo tú sabes dar. Tienes grandes planes para mí, llenos de un futuro maravilloso y lleno de esperanza. Me encamino a cumplir el propósito para el cual fui creada y diseñada, amén.

Mi reflexión

Capítulo 17
LA SOMBRA
DE MI PASADO

*«Controla tu carácter,
porque el enojo es el distintivo de los necios.»
Eclesiastés 7:9*

En tu diario vivir, hay momentos que te sientas a pensar en tu pasado y es como si estuvieras en el cine, viendo una película de largo metraje sobre tu vida. Puede ser que te percatas que tienes un carácter muy fuerte, explosiva, que no eres flexible con tus hijos, es como si en tu hogar se estuviera viviendo bajo un régimen militar y tú eres la comandante del batallón. Que te hace sentir culpable, enojada y con vergüenza, puede ser que lo hagas porque no quieres que tus hijos pasen por las mismas cosas que tú experimentaste y puedes pensar que solo lo haces para protegerlos. Estos pensamientos vienen a robarte la paz, la tranquilidad y el gozo, tu pasado llega como una sombra a empañar tu presente. A pesar del torbellino de tus pensamientos, eres una mujer con un propósito divino.

ESTA ES MI HISTORIA

En un momento determinado de mi vida pude

percatarme que estaba viviendo bajo la sombra de mi pasado. Venían a mi mente pensamientos de mis fracasos, de las malas decisiones que había tomado, y de todas las dificultades que había tenido que pasar a lo largo de mi vida. En un momento de reflexión, me doy cuenta de que había desarrollado compulsividad con la limpieza y el orden, un carácter bastante fuerte y de mucha rigidez. Era extremadamente organizada y no era flexible en muchas cosas. Al analizar mi situación inmediatamente acudí a buscar ayuda profesional, consejería y sanidad interior.

El pasado había dejado huellas imborrables en mi vida, pero sobre todo en mi mente y mi corazón. El rechazo, el abuso emocional, el resentimiento, la vergüenza me habían lacerado de manera tal que me sentía estancada y que no me dejaba avanzar. Había una gran realidad delante de mí y es que el pasado no lo podía cambiar y ahora me tocaba a mi dar el primer paso. Decidí actuar y tomar acción inmediata, confesé mi pecado y recibí el perdón que tanto necesitaba. Dios en su infinito amor me abrazó y me entregó una nueva mente y un corazón nuevo. Esto me permitió ver con claridad y enfocarme hacia mi propósito. Hoy, luego de varios años, he podido entender que el enemigo nos recuerda nuestro pasado para avergonzarnos y detenernos en el propósito que Dios tiene para nuestras vidas.

REFLEXIÓN

Cuando el alfarero toma el barro, tiene que sacar las

hojas, los pedacitos de madera y todo aquello que pueda arruinar la pieza que va a hacer. Luego coloca el barro en el torno y con mucho cuidado, coloca sus manos mojadas con agua para darle la forma a la vasija. Durante ese proceso la vasija puede romperse y el alfarero tiene que comenzar de nuevo el proceso. Lo mismo sucede con nosotras, a lo largo de nuestra vida hay situaciones del pasado que pensamos que han arruinado nuestra vida y la han hecho pedazos. El Alfarero hoy toma tu vida en sus manos para sacar todo aquello que te dañó en el pasado porque quiere hacer de ti una mujer valiosa y diferente.

Tenemos que sacar de nuestra vida las piedras con las cuales hemos tropezado en el camino y solo retener las lecciones aprendidas. El pasado no lo podemos cambiar, pero podemos cambiar nuestro presente y por consiguiente, los resultados que obtendremos en el futuro. Para poder reflexionar sobre este tópico hay que ser muy valiente y tener mucha determinación. El pasado puede ser muy abrumador, pero a la misma vez te prepara para el presente, porque has aprendido lecciones en esta travesía llamada vida y éstas te ayudarán a sobreponerte y enfocarte. Dios te provee el perdón que necesitas para que puedas seguir hacia adelante y tener un futuro extraordinario. Hoy tengo buenas noticias para ti, Dios restaura nuestro pasado y nos abre grandes puertas hacia una nueva vida, llena de nuevas oportunidades.

«Crea en mí, oh Dios, un corazón limpio y renueva un espíritu fiel dentro de mí.» Salmos 51:10

ORACIÓN

Señor, desde hoy decido no vivir más bajo la sombra de mi pasado, tú restauras mi vida, sanas, limpias y restauras mi corazón, renuevas mi mente, mi vida y todo mi ser. He sido llamada para cosas grandes, soy una mujer con un propósito divino, amén.

Mi reflexión

Capítulo 18
LA VERDAD PREVALECE

«Porque nada hay oculto, que no haya de ser manifestado; ni escondido, que no haya de ser conocido, y de salir a luz.»
Lucas 8:17

Hay personas que mienten compulsivamente y no miden el daño que esto pueda causar. Puede ser que alguien haya fabricado una mentira en tu contra y esto te causara la perdida de tu pareja, la separación de algún miembro de la familia o quizá hayas recibido una sentencia jurídica desfavorable. Tal vez has perdido tu empleo, recibiste un castigo injusto, eres señalada y criticada por otras personas y puedes sentir que es injusta la penalidad y que estás pagando por la mentira de otra persona. Te hace sentir como si hubieras perdido una gran batalla, incapaz de probar que fue una mentira en tu contra y sufres la separación de personas que amas con todo tu corazón. Tal vez sufres en silencio y tratas de disimular ante la vista de otros diciendo que todo está bien. Esperando el día en que la verdad sea descubierta. A pesar de toda esa mentira, existe una gran verdad y es que eres una mujer con un propósito divino.

ESTA ES UNA HISTORIA

Según el Diccionario de la Lengua Española, mentir es manifestar lo contrario a lo que se sabe, cree o piensa. Las personas mienten por varias razones: para quedar bien ante otros, para evitar ser penalizados, para conseguir un beneficio propio o por venganza.

En una ocasión una persona había hecho un testamento en vida y se lo entregó a un familiar para que lo guardara en una caja fuerte, esta les informó a sus hijas, para cuando llegara el día de su fallecimiento supieran cómo proceder. La persona falleció y al cabo de varios años, una de las hijas preguntó por el testamento, la persona que había estado a cargo dijo que su familiar nunca hizo una declaración de herederos. La persona que había fallecido había dejado una propiedad y las hijas deseaban tomar decisiones relacionados a la herencia, al no existir nada por escrito no podían hacer nada. Sus hijas comenzaron a dialogar entre ellas y a ambas su mamá les había dicho sobre la existencia de un testamento en vida y les dijo el nombre del abogado y la persona que tenía los documentos originales. Dos de las hijas se pusieron de acuerdo y comenzaron a orar para que todo lo que estuviera oculto saliera a la luz en el tiempo conveniente. Al cabo de nueve años encontraron al abogado, y al realizar una investigación y varios meses más tarde, las hijas recibieron una copia del testamento que su mamá había dejado. La oración con fe fue la clave para que la verdad fuera revelada. Al tener los documentos en sus manos, dieron gracias a Dios, por ese gran milagro en sus vidas.

Una verdad escondida sale a la luz, la verdad prevalece a pesar de todos los sinsabores que puedas estar enfrentando hoy.

REFLEXIÓN

A lo largo de nuestra vida nos vamos a encontrar con diferentes desafíos y uno de ellos es la mentira; Jesús también experimentó este gran desafío. Pedro era uno de los discípulos que caminaba con Jesús, lo conocía muy bien pues estaban juntos en el ministerio. Luego de Jesús ser arrestado, Pedro fue confrontado tres veces por diferentes personas, le preguntaron: «¿Tú también estabas con Jesús?» A lo que contestó: «No sé lo que dices, no conozco a ese hombre» y hasta se enojó cuando fue confrontado por su mentira. Si estás pasando por una situación similar, Jesús sabe perfectamente como te sientes, porque el también pasó por la misma situación.

Las mentiras acarrean otras mentiras para seguir encubriendo una verdad. Hay muchas condiciones patológicas y espirituales que están muy directamente relacionadas a este tipo de conducta. La mentira nos separa de la comunión con Dios, el padre de toda mentira es el enemigo de nuestras almas y su misión es matar, hurtar y destruir. La mentira es una distorsión de la realidad y produce esclavitud, pero por otro lado la verdad te hace libre.

Dios nos promete que lo que ha estado oculto va a salir a la luz. Jesús, llevó el pecado y la mentira en la cruz, para hacernos libres. Hoy entrega esa carga tan pesada a Dios; es día de abrirle la puerta al dolor, a la vergüenza y al coraje por la persona que te lastimó. Estos sentimientos salen de tu corazón en el nombre de Jesús. Tu corazón es lleno de paz, de esperanza y de perdón para perdonar a esa persona que te hirió y te lastimó, para que puedas comenzar un nuevo capítulo y una nueva temporada en tu vida. Los ojos de Dios están puestos sobre tu vida para ayudarte, conoce tu dolor en silencio y escucha tu oración, la verdad prevalece, y hoy te encaminas hacia una libertad gloriosa. Mujer, ¡naciste para ser libre! ¡Entonces refrena tu lengua de hablar mal y tus labios de decir mentiras! Apártate del mal y haz el bien, busca la paz y esfuérzate por mantenerla. Los ojos del Señor están sobre los que hacen lo bueno, sus oídos están abiertos a sus gritos de auxilio. (Salmo 34:13-15)

ORACIÓN

Señor, la mentira me ha mantenido en una cárcel oscura, y hoy decido a abrir esa puerta. Le abro la puerta al dolor, al coraje, la vergüenza, a la persona que me hirió y me lastimó con sus mentiras. Oro con todo mi corazón para que la verdad salga a la luz. Señor, tú eres mi gran verdad y me apropio de tus promesas. Caminaré en tu verdad, en tu paz y en tus promesas, muy pronto testificaré de un gran milagro. Tú eres mi camino, mi verdad y me impartes vida, amén.

Mi reflexión

....

....

....

....

....

....

....

....

....

....

....

....

....

....

....

....

....

....

Capítulo 19
CORAZÓN ROTO O HERIDO

*«Él sana a los de corazón quebrantado y
les venda las heridas.»*
Salmos 147:3

En tu trayectoria por la vida has experimentado diferentes situaciones que han causado heridas profundas en tu corazón y en ocasiones puedes haber dicho que tienes el corazón roto o herido. Puede ser que hayas depositado toda tu confianza en una persona y hayas sido traicionada, probablemente tu matrimonio haya terminado, estás enfrentando un problema de infidelidad o te hayan dicho palabras muy hirientes y acusadoras que nunca esperabas escuchar y que te hacen sentir con una tristeza profunda, despreciada, rechazada, fracasada, con incertidumbre, desconfianza y sobre todo con mucha confusión. Sientes que estas en una encrucijada sin saber qué hacer o a quién acudir. A pesar de todo lo que estás pasando, eres una mujer con un propósito divino.

ESTA ES UNA HISTORIA

En mi trayectoria ministerial me he encontrado

con mujeres que han experimentado, rechazo, traición, violencia doméstica, que han sido abusadas sexualmente y que han pasado por rupturas de relaciones sentimentales; ocasionando una laceración en las relaciones, en la pérdida de confianza, culpa y falta de perdón. Como consecuencia, caminan por la vida con heridas en su corazón y esta experiencia no les permite el poder relacionarse adecuadamente con las personas en su entorno. En la medida que fueron heridas, hieren a otros, porque necesitan sanar su corazón y sus emociones y sentimientos las impulsan a actuar inadecuadamente.

Ha sido impresionante ver muchas mujeres ser sanadas y restauradas mediante el poder de Jesucristo. El primer paso que han tomado para encaminarse a esa sanidad es reconocer que tienen un problema y que necesitan ayuda, y así buscar consejería profesional o pastoral. Aun cuando ellas creían que estaban descalificadas para continuar su trayectoria por la vida, encontraron que tenían una segunda oportunidad para ser feliz y vivir una plena y llena de felicidad.

En el plano personal, durante este proceso pude experimentar una intervención sobrenatural al sentir que una mano poderosa llegó hasta mi corazón y arrancó todas las raíces que habían crecido con el paso de los años. Dios, con Su gran amor, sanó mis heridas, me perdonó y me hizo una mujer libre, me guió hacia una restauración total en mi vida y me entregó un gran propósito divino.

REFLEXIÓN

Hoy hay buenas noticias para ti. Dios es el único que puede sanar las heridas de tu corazón. Él tiene un ungüento fresco para ti en este día. Primeramente, necesitas reconocer y aceptar tu condición y que necesitas ayuda para que puedas entrar en un proceso de restauración. Este proceso de reconocer y aceptar es confrontador especialmente si nos vemos como víctimas de las circunstancias y nos conformamos con señalar a la persona que causó la herida. Es importante poder hacer un alto y crear conciencia de que tienes que perdonarte a ti misma porque has caminado un largo trayecto con heridas profundas las cuales han echado raíces fuertes en tu corazón. A su vez es tiempo de perdonar a las personas que causaron esa herida mortal, el perdón trae libertad.

Permite que Dios remueva con su bisturí divino la raíz de tu dolor y de tu quebranto, a través de una cirugía divina; Él mismo aplicará el ungüento del Espíritu Santo y vendará tu corazón para que puedas ser una mujer transformada y restaurada. Dios es experto sanando heridas mortales, vendando los corazones heridos, quebrantados e impartiendo perdón y libertad. Comienza a renovar tu mente con nuevos pensamientos y desecha todo pensamiento negativo que quiera ocupar tu mente. La restauración también implica el dejar tu pasada manera de vivir y abrir tu corazón para que Dios perdone tus pecados y puedas restablecer esa relación y comunicación que habías perdido con él. El amor y la misericordia de Dios aún están vigentes para ti. A través de este proceso de transformación y renovación te encaminas a hacer la voluntad de Dios y a cumplir tu propósito divino.

«Más bien dejen que Dios los transforme en personas nuevas al cambiarles la manera de pensar. Entonces aprenderán a conocer la voluntad de Dios para ustedes, la cual es buena, agradable y perfecta.» Romanos 12:2

ORACIÓN

Señor, hoy tomo la decisión de sanar mi corazón, de perdonarme a mí misma y de perdonar a aquellas personas que me hirieron. Tu perdón y tu verdad transformadora cambiarán mi vida para siempre. Renueva mis pensamientos y cambia mi manera de vivir, quiero hacer tu voluntad de ahora en adelante. Cumple tu propósito divino en mi vida, amén.

Mi reflexión

Capítulo 20

CUANDO LA ANSIEDAD TOCA A TU PUERTA

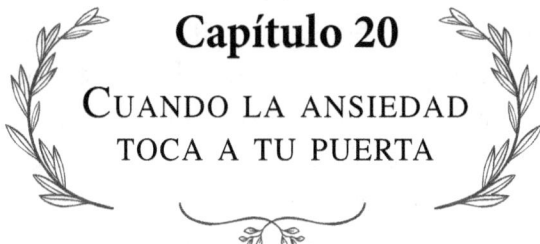

*«Pongan todas sus preocupaciones y
ansiedades en las manos de Dios,
porque él cuida de ustedes.»*
1 Pedro 5:7

En la actualidad hemos visto como el mundo ha cambiado. Puede que seas una trabajadora esencial, trabajas en un supermercado, una farmacia, en un restaurante, en una tienda por departamento, maestra, en un centro de cuido de niños o en un hospital puede ser que hayas sentido mucha ansiedad ante lo desconocido. Tienes un mar de pensamientos en tu cabeza y no lo puedes controlar. A pesar de lo que esté ocurriendo hoy día, eres una mujer con un propósito divino.

ESTA ES UNA HISTORIA

La ansiedad es un estado de intranquilidad, angustia y nerviosismo como resultado de un evento pasado o que aún no ha ocurrido. En los últimos años he visto una gran incidencia de personas que padecen de ataques de ansiedad y esto hace que recurran a la sala de emergencia, confundiendo su ansiedad con un ataque al corazón debido a que desarrollan problemas fisiológicos, como dolor en el pecho, dificultad respiratoria o aceleramiento del ritmo cardiaco. Las personas deben ser sometidas a diversos análisis en su fase inicial para poder descartar algún diagnóstico como el antes mencionado. La preocupación excesiva en ocasiones paraliza a la persona y no le permite pensar y actuar objetivamente, pues su enfoque está en las posibles cosas que creen que podrían suceder. Hay ocasiones en las cuales la persona no puede diferenciar entre un evento pasado o una situación real. Ante situaciones de ansiedad nuestro cuerpo segrega sustancias químicas lo cual genera un desbalance y en muchas ocasiones la persona requiere un tratamiento especializado y la administración de medicamentos. Con frecuencia esto se observa en personas que han pasado por un evento traumático.

En las reuniones con mujeres, en ocasiones hay personas que expresan tener ataques de ansiedad los cuales cada día son más frecuentes y de mayor severidad; pero que no pueden identificar los eventos que desencadenaron su condición. Ellas comienzan a ventilar sus emociones y sentimientos porque están buscando ayuda desesperadamente y necesitan que alguien las escuche. La gran mayoría de las veces, luego de la reunión pueden expresar que a medida que escuchaban los cánticos, las enseñanzas, las oraciones y la confraternización con otras mujeres las hacía sentirse mejor.

REFLEXIÓN

En medio de la tormenta o del desierto asolador, Dios siempre llega a tiempo. Él te imparte seguridad para que ventiles cómo te sientes, tus preocupaciones, tus ansiedades y tus temores. Él tiene cuidado de ti, así como la gallina arrulla a sus polluelos, los calienta, los protege del peligro y les imparte seguridad. Hoy te dice: «No temas yo te ayudo, yo estoy contigo, debajo de mis alas estas segura y protegida.» Entrégale tus pensamientos y tu ansiedad, todo aquello que te preocupa pues Él está en control.

Todo tiene su tiempo y es tiempo de cambiar la forma en la cual procesas tus pensamientos. Descarta los pensamientos negativos y reemplázalos por pensamientos que traigan esperanza, fe, alegría, paz, consuelo y gratitud. Reflexiona positivamente, hoy Dios se lleva de tu vida ese visitante inesperado que llegó a visitarte, y le permite la entrada a pensamientos sublimes que cambiarán tu forma de proceder.

«Por lo demás, hermanos, todo lo que es verdadero, todo lo honesto, todo lo justo, todo lo puro, todo lo amable, todo lo que es de buen nombre; si hay virtud alguna, si algo digno de alabanza, en esto pensad.» Filipenses 4:8

ORACIÓN

Señor, deposito todos mis pensamientos en ti, toma el control absoluto de mis emociones y de mis acciones, imparte la seguridad que necesito para tener paz y tranquilidad, hoy renuncio a la ansiedad que ha estado controlando mi vida. Decido llenar mi mente con pensamientos transformadores y que imparten esperanza y me encaminan hacia una vida nueva. Amén.

Mi reflexión

Capítulo 21
MI ANGUSTIA ES DERRIBADA

«Cuando en mí la angustia iba en aumento,
tu consuelo llenaba mi alma de alegría.»
Salmo 94:19

Desde que somos niñas, nuestra mayor ilusión es tener hijos y una familia. Comenzamos a criar de ellos, pero nunca nos preparamos para el momento en el que nos separamos. Puede ser que alguno de tus hijos se haya mudado a otro lugar y no lo puedas ver con frecuencia, que haya perdido la vida en un accidente o a causa de alguna enfermedad, que ingresara al servicio militar o simplemente un día salió de tu hogar y nunca regresó, y al mirar sus pertenencias te imparte la esperanza de que un día regresará por ellas. Te hace sentir triste, angustiada, desesperada, buscando noticias por todas partes sin tener resultado alguno. Son muchas interrogantes que llenan tu mente y permites que la soledad te consuma. A pesar de tu desierto, eres una mujer con un propósito divino.

ESTA ES MI HISTORIA

En el verano del año 2016, yo estaba feliz pues mi

hija cumplía 21 años, su regalo de cumpleaños fue irnos en un crucero con mi hermana. Estando en el avión que nos conducía a nuestro destino, mi hija dijo que tenía que comunicarme algo muy importante, me dijo que había tomado la decisión de ingresar al servicio militar de los Estados Unidos, que ya había comenzado a orientarse y que estaba lista para iniciar el proceso formalmente. Desde que ella era pequeña siempre le había llamado la atención el servicio militar. En sus años escolares participó en el ROTC y pasaba mucho tiempo con el uniforme puesto y practicando sus ejercicios militares. Dentro de mi corazón yo sabía que algún día ella tomaría esta decisión.

El día 11 de octubre del 2016, en la ciudad de Chicago, IL, fue el gran día en el cual mi hija hizo la juramentación para ser parte del servicio militar como ingeniera de combate, siendo una de las primeras féminas en todo el estado a la cual le otorgaban este título. De ahí salió para la base militar Fort Leonard Wood en Missouri.

Dentro de mí, estaba muy orgullosa pues mi hija era parte del servicio militar de esta nación, pero a la misma vez sentía una tristeza muy profunda. Recuerdo que, al partir, la tomé de la mano, le di un beso y le dije: «Hija, te envío en el nombre de Jesús, no vas sola». Estuve mirando el camión militar hasta que se perdió en la distancia y no podía contener el llanto. Yo trabajo para el servicio militar y sabía a lo que mi hija se estaría enfrentando. Al pasar los días y los meses, esa tristeza se comenzó a convertir en una profunda angustia. Pasaban los días y las semanas y yo no tenía ninguna noticia de mi hija, pues al estar en el entrenamiento básico no le permitían hablar con la familia.

Mi vida cambió pues ella es mi única hija, mi gran compañera de ministerio y era la primera vez que no viviríamos juntas. Ya se había convertido en una mujer y había tomado una decisión muy importante en su vida. Mi nido se quedó solo y vacío, mientras que la angustia profunda vino a visitarme. Al cabo de dos años, recuerdo que le dije a Dios: «Ya no puedo más con esta situación, arranca esta angustia de mi corazón». Estando de rodillas, en total humillación, le pedí a Dios que metiera la mano en mi corazón y extirpara de raíz todo mi dolor. Pude sentir como si un gran peso hubiera sido quitado de mi cuerpo. En ese día mi angustia fue derribada a través del poder transformador de Cristo. Mi vida fue llenada de gozo y pude volver a sonreír nuevamente.

REFLEXIÓN

Hay eventos en nuestras vidas que nos hacen sentir como si estuviéramos caminando en un gran desierto. Miramos a nuestro alrededor y solo vemos desolación, tratamos de avanzar y no podemos porque la arena detiene el que podamos avanzar. Le decimos a Dios que tome el control de nuestra vida, pero a cambio no queremos soltar la situación que nos causa tristeza y una gran angustia. Entregarlo todo a Dios requiere de mucha firmeza y valentía, al hacerlo, nos estamos rindiendo a Dios para que el sencillamente haga su perfecta voluntad. El tiempo de soltar tu pesada carga ha llegado, este es el día de rendición y total dependencia de un Dios todopoderoso que te dice: «No temas, yo te ayudo».

Dios cambiará tu tristeza en alegría, tu llanto de angustia por un gozo que inundará tu ser entero. Tus vestiduras rotas y de luto son removidas y eres vestida con la vestidura de los redimidos. Para que de tu boca en vez de llanto pueda salir una alabanza que cambie la atmósfera que te rodea. Para que puedas danzar en su presencia como una niña que va a ser recibida por los brazos de su padre. Recibe un bálsamo de gozo, alegría y de paz.

«Tú cambiaste mi duelo en alegre danza; me quitaste la ropa de luto y me vestiste de alegría.» Salmo 30:11

ORACIÓN

Señor, te pido que tomes el control de mi vida, te entrego mi tristeza y mi angustia. Me rindo ante ti para que tengas misericordia. Hoy decido entregarte mi pesada carga. Derriba la muralla de la angustia y llena mi boca de alabanza y mis labios de una sonrisa que refleje el gozo de la salvación. Gracias por mis nuevas vestiduras y el gran gozo que has depositado. Estoy dispuesta a que me cambies y me transformes con tu gran amor y poder, amén.

Mi reflexión

....

....

....

....

....

....

....

....

....

....

....

....

....

....

....

....

....

Capítulo 22

SOBREVIVIENDO EN EL DESIERTO DE LA SOLEDAD

«Los que conocen tu nombre confían en ti, porque tú, oh Señor, no abandonas a los que te buscan.»
Salmo 9:10 (NTV)

En más de una ocasión puedes haber sentido como si estuvieras atravesando un gran desierto, tal vez puedes estar rodeada de mucha gente, pero a la misma vez sentirte muy sola. Quizás has pensado que no sales de una situación difícil y ya tienes otra situación la cual tienes que lidiar. Te hace sentir que estás batallando sola, sin saber qué hacer y no sabes cuál será la mejor decisión y puedes preguntarte: «¿Se olvidó Dios de mí? ¿Me habrá abandonado?» A pesar de todas esas situaciones y todo lo que estas sintiendo, eres una mujer con un propósito divino.

ESTA ES MI HISTORIA

Hace algunos años comencé a pasar por un gran proceso en mi vida, en el cual pude sentir lo que es ir al desierto sola. Personas significativas se fueron de mi lado y pensé que era mi final. Fueron muchas las largas

147

noches de desvelo en llanto y preguntándole a Dios: «¿Por qué? ¿Qué quieres enseñarme a través de todo este proceso?»

Era como si estuviera en un callejón sin salida, en el cual no encontraba respuesta. Viviendo en una gran ciudad, rodeada de miles de personas, pero a la misma vez sola, sin familia y abandonada. Los días eran interminables y las lágrimas rodeaban mis mejillas de noche y de día y yo sin encontrar una respuesta.

Estuve en el desierto, y así como el pueblo de Israel, experimenté la protección, el cuidado y la provisión de Dios en todo momento. En el día, su nube me cubría de la intensidad de todo lo que estaba pasando, en las noches su columna de fuego me confortaba al entrar en su presencia. Cada día Dios me acordaba una de sus promesas: «Pídeme y te daré a conocer secretos sorprendentes que no conoces acerca de lo que está por venir.» (Jeremías 33:3). De allí en adelante comenzó una nueva etapa en mi vida. Comprendí que no estaba sola, que Dios estaba conmigo más cerca de lo que yo podía imaginar; y comencé a tener una relación de intimidad con Dios como nunca. Recuerdo que le dije a Dios en oración: «Esta carga es muy pesada, ya no puedo más, te la entrego para que hagas tu voluntad. Acepto tu voluntad porque es agradable y perfecta, mi vida te pertenece».

A partir de ese día sentí que entré en una nueva temporada, he podido experimentar cosas maravillosas y sobrenaturales que nunca había experimentado. Tengo la certeza de que Dios no abandona a los que le buscan, desean obedecerle y hacer su voluntad. Durante todo este tiempo, hasta el día de hoy, Él ha sido mi compañía, mi sustento, mi consolador, mi paz, mi roca fuerte y mi gran fundamento. En la soledad, en el intenso calor del día, en las frías noches, caminando con paso lento en la arena del desierto de la soledad, Dios me susurró nuevamente a mi oído: «Eres una mujer llamada Propósito».

REFLEXIÓN

Según el Diccionario de la Lengua Española, la palabra proceso significa un conjunto de situaciones que se desarrollan en un periodo de tiempo, cuyas fases sucesivas suelen conducir hacia un fin específico. Todo en la vida es a base de procesos los cuales duran por un tiempo específico para obtener resultados. Como, por ejemplo, el proceso de gestación, sembrar una semilla, convertirse en árbol y dar fruto. Nosotras en nuestra vida cristiana también pasamos por procesos porque tenemos una gran finalidad, cumplir con el propósito divino.

En una ocasión Jesús estuvo ayunando por 40 días y fue llevado al desierto; estuvo tentado por Satanás, pero venció a pesar de la dificultad. A pesar de que era Jesús, el Hijo de Dios, estuvo en ayuno porque quería estar cerca del Padre, obedecer y hacer su voluntad. Pudo vencer la tentación a través de la Palabra de Dios.

En tu soledad a solas con Dios, dejas de escuchar

el ruido ensordecedor que hay a tu alrededor para solo hablar con Él y escuchar todas las cosas que tiene que decirte. Debes orar y leer la Biblia para recibir la provisión diaria que necesitas. El desierto es el proceso que Dios utiliza para posicionarte para tu gran destino, para llegar a la meta, para pasar a una nueva temporada y para que puedas cumplir con tu propósito divino. El tiempo de estar en el desierto pronto terminará, no te preocupes, Dios escucha tu oración y ve cada lágrima que sale de tus ojos.

En este día recibe la sublime paz que viene del cielo. Da gracias a Dios por anticipado por tu gran milagro que recibirás.

«No se preocupen por nada; en cambio, oren por todo. Díganle a Dios lo que necesitan y denle gracias por todo lo que él ha hecho. Así experimentarán la paz de Dios, que supera todo lo que podemos entender. La paz de Dios cuidará su corazón y su mente mientras vivan en Cristo Jesús.» Filipenses 4:6-7

ORACIÓN

Señor, no estoy sola, sé que tú estás conmigo, tú nunca me abandonas. Mi confianza está depositada en ti y creo que mi tiempo en el desierto tiene fecha de expiración. Tómame fuerte de mi mano para continuar mi travesía, voy encaminándome a cumplir con mi propósito divino, amén.

Mi reflexión

Capítulo 23
¡BASTA YA!

«Y me rescata de mis enemigos.
Tú me mantienes seguro, lejos del alcance de mis enemigos;
me salvas de adversarios violentos.»
Salmo 18:48

En la actualidad podemos ver cómo las estadísticas de violencia contra la mujer han ido en aumento. La gran mayoría de las veces la mujer cree que cuando se habla de violencia solo se hablan de golpes físicos.

Puede ser que te sientas controlada y manipulada por tu pareja, que tienes que entregarle tus contraseñas de tus redes sociales porque él quiere ver todo lo que haces en ellas. Quizá controla tus amistades, no te permite salir sola, revisa tu celular, no te permite enviar textos ni llamar por teléfono, te critica, se burla de ti y no te permite pasar tiempo con tu familia. Tal vez has sido empujada, no hay diálogo: solo gritos, y cuando recibes tu cheque le tienes que entregar todo el dinero a tu pareja y no tienes dinero para tus necesidades, se burla de ti cada vez que vas a la iglesia y recibes amenazas constantemente. Estas situaciones vienen a robarte la paz y la tranquilidad, te llenan de mucha vergüenza y muchas veces has querido salir corriendo, pero eres paralizada por el temor de lo que pueda suceder. A pesar de todo lo que estás viviendo, eres una mujer con un propósito divino.

ESTA ES MI HISTORIA

Fui estudiante del Seminario Bíblico Hispano en Chicago y estuve tomando una clase de manejo de crisis, y en esta clase estudié ampliamente la violencia doméstica. En mi experiencia ministerial he visto cómo la violencia doméstica ha sido el huésped de muchas familias las cuales recurren a consejería pastoral. En 2020, la Línea Nacional de Violencia Doméstica en Estados Unidos encontró que una de cada cuatro mujeres sufre de este tipo de violencia; y cada minuto, 24 mujeres son abusadas. Como profesional de la salud he recibido mujeres que van a consultas médicas y en el transcurso de la intervención he podido identificar que han sido víctimas de abuso. Aun en este siglo de tantos avances hay muchas personas que siguen considerando este tema como tabú en sus hogares y en sus iglesias, sin importar la denominación.

Muchas personas creen que la violencia solo son golpes físicos, pero la violencia doméstica es bastante abarcadora y va mucho más allá de lo que podamos pensar. El abusador puede ser el cónyuge o algún otro miembro de la familia. Hay diferentes clases de abuso tales como: físico, sexual, social, emocional, económico, espiritual, daño a la propiedad y cibernético. Entre las características del agresor podemos encontrar:

inseguridad, celos excesivos, culpa, pobre control de uno mismo, fue víctima de abuso físico o verbal en su niñez y rehúsa tomar responsabilidades entre otros. Entre las características de la víctima: baja autoestima, codependencia, tiene esperanza de que su pareja cambie, y piensa: «Me golpea porque me ama», se cree responsable del abuso porque lo provocó entre otros. La violencia doméstica no discrimina, puede incluir personas de cualquier raza o nacionalidad, edad, sexo, religión, nivel de escolaridad o clase social.

REFLEXIÓN

Si puedes identificarte con algo de lo antes mencionado, es importante que busques ayuda profesional, toma este tiempo para hacer una pausa y meditar. Este es el tiempo para decir: ¡basta ya! El primer paso es reconocer que hay un problema y el segundo es buscar ayuda. La información que vayas a proveer es confidencial y no tengas temor si no tienes documentos legales, hay leyes especiales que protegen a las víctimas de violencia doméstica que son inmigrantes y a sus hijos.

No creas que estás leyendo este devocional por casualidad. Dios quiere guardar tu vida y desea que tengas un lugar seguro para ti y para tus hijos. Él quiere rescatarte de la violencia que has estado viviendo por años y que has guardado como un gran secreto, pero las personas que han estado a tu alrededor ya se han dado cuenta de lo que ha estado sucediendo. No permitas que el temor te paralice, es tiempo de actuar a tu favor.

Puedes comunicarte a la Línea Nacional de Violencia Domestica en español en Estados Unidos: 1-800-799-7233.

Dios te ama y tiene un futuro maravilloso para ti, lleno de esperanza y de nuevas oportunidades. Hoy Dios quiere secar las lágrimas de tus ojos para que puedas ver que tu vida puede ser transformada para siempre. Recibe nuevas fuerzas, y llénate de valentía y deposita toda tu confianza en Dios. Levanta tu cabeza y encamínate hacia el propósito divino que Dios tiene para ti.

«Así que, ¡sean fuertes y valientes, ustedes los que ponen su esperanza en el Señor!» Salmo 31:24

ORACIÓN

Señor, este es el día en el cual he sido confrontada con mi verdad, con el secreto que he guardado desde hace mucho tiempo por temor. Hoy me atrevo a decir con firmeza: ¡basta ya! Líbrame de mi adversario y me refugio bajo tus alas. Soy fuerte y valiente, mi esperanza está en ti. Tienes preparado para mí una vida llena de propósito, amén.

Mi reflexión

Capítulo 24
ME CUBRIÓ
BAJO SUS ALAS

«Con sus plumas te cubrirá,
y debajo de sus alas estarás seguro.»
Salmo 91:4

Puede que hayas pasado por una situación de dificultad en la cual tu vida estuvo en peligro, puede ser que al igual que yo tuviste un accidente, quizás te infectaste con el Coronavirus, fuiste víctima de un asalto o te enfrentaste a grandes peligros en tu trayectoria para cumplir tu sueño americano. Tal vez alguien trató de abusar de ti, eres víctima de violencia doméstica o eres dependiente de alguna sustancia y no puedes salir de esa adicción. Quizá tu casa se incendió o tu carro sufrió desperfectos mecánicos en un lugar solitario y desconocido o recibiste un diagnóstico médico y las personas no pueden explicarse todos los años que has permanecido con vida o estás esperando el veredicto de la corte para ver cuál será tu destino. A pesar de todas esas circunstancias, eres una mujer con un propósito divino.

ESTA ES MI HISTORIA

Hace cinco meses, al salir del trabajo me dirigía hacia mi hogar, el tráfico estaba bastante congestionado, y de repente escuché un gran ruido. Al mirar por el retrovisor vi que en la autopista de cuatro carriles, un carro había perdido el control y en cuestión de segundos impactó violentamente contra mi camioneta. Al sentir el impacto, lo primero que vino a mi mente fue el temor de estrellarme contra otros vehículos. Sentí que me quitaron el control del timón y esta quedó estacionada a la orilla de una de las autopistas más transitadas de la ciudad de Chicago. Tardé varios minutos en poner todos mis pensamientos en orden. Al bajarme de mi camioneta vi que había varios vehículos envueltos en el accidente y al ver los daños entendí claramente que Dios me había protegido. Al llegar la policía, me preguntó quién había estacionado mi camioneta en la orilla y lo único que pude decir fue, que mi camioneta se detuvo sola en esa posición. Varios días más tarde me informaron que mi camioneta era pérdida total, por la severidad de los daños. Gracias a Dios, no sufrí daños graves.

Hasta el día de hoy, cada vez que recuerdo el incidente, no me queda la menor duda de que Dios estuvo conmigo en ese momento para protegerme. Al reflexionar, pasan por mi memoria muchas ocasiones en las cuales he estado en peligro o a punto de perder la vida. Cada día, muy temprano en la mañana doy gracias a Dios por un nuevo día de vida y oro por ayuda y protección. Hoy puedo decir de lo profundo de mi corazón, que me cubrió como la gallina cuida los polluelos en tiempo de adversidad y me mantuvo en un lugar seguro para poder testificar a otros de su amor y de sus cuidados. ¡Gracias, Dios, por tu protección, en ti estoy segura!

REFLEXIÓN

Al leer la Biblia, es maravilloso ver la protección de Dios a través de las historias. La protección de Dios a Noé y su familia, luego del gran diluvio, el cuidado de David al enfrentarse a Goliat, con Daniel en el foso de los leones, la protección a Isaac para no ser sacrificado en obediencia por su padre. El cuidado que tuvo del pueblo de Israel en el desierto, la protección a Ester y a su pueblo, los cuidados a Moisés cuando fue puesto en una canasta de juncos en el río y de Jesús cuando estuvo en el desierto en ayuno y fue tentado, por mencionar algunos porque la lista es interminable.

Hay ocasiones que podemos sentir que hay problemas o circunstancias que son imposibles de resolver, y vemos que todo se ha tornado en nuestra contra. Hay situaciones de peligro que pueden amenazar nuestra vida, nuestra seguridad personal o la de nuestra familia. Hoy hay buenas noticias para ti: no estás sola, Dios está contigo en todo momento para cuidarte, protegerte y para ayudarte; no permitas que el temor tome el control de tus pensamientos y te turbes. Él enviará un gran ejército de ángeles para cuidarte y librarte del mal. Confía en Dios y recibirás un bálsamo fresco de paz y de seguridad, nada es imposible para Dios. Hoy Dios te imparte nuevas fuerzas, ánimo y valor en medio de tu circunstancia; no todo está perdido, Dios hará algo grande en tu vida y tú también podrás testificar de su cuidado y de su protección. Dios pelea grandes batallas por ti desde el cielo, vas a estar segura y protegida.

«Pon tu esperanza en el Señor, ten valor, cobra ánimo, ¡pon tu esperanza en el Señor!» Salmos 27:14

ORACIÓN

Señor, estoy en medio de una situación difícil y de peligro, necesito tu protección y tus cuidados. Necesito un bálsamo refrescante de paz, confianza y seguridad. Deposito toda mi confianza en ti porque tú me cuidas y me proteges. Hoy declaro: ¡Debajo de tus alas estoy segura!, amén.

Mi reflexión

Capítulo 25
Tengo Nuevas Fuerzas

*«Pues todo lo puedo hacer por medio de Cristo,
quien me da las fuerzas.»*
Filipenses 4:13

A lo largo de la trayectoria de tu vida tienes que desempeñar muchos roles en los cuales puede que hayas experimentado momentos de mucho cansancio, fatiga y sin fuerzas para continuar tu caminar. Te pueden hacer sentir cansada, extenuada, sin fuerzas, que te hace detener en el camino y no sabes cómo continuar y puede ser que pierdas el enfoque hacia la meta que te has propuesto. Tal vez dudas de tus capacidades para lograrlo y a veces te preguntas: «¿Valdrá la pena todo esto?» Y puede ser que hayas agotado todos tus recursos y trates de lograrlo sola y con tus propias fuerzas. A pesar de estas circunstancias tan difíciles en tu vida, eres una mujer con un propósito divino.

ESTA ES MI HISTORIA

Soy madre, esposa, hija, hermana, me desempeño en una profesión que demanda mucho de mi física, emocional y espiritualmente. Además, soy ministro de la Palabra, lidero un grupo de mujeres y soy estudiante de Su Palabra, entre otros. Hay momentos en los cuales me siento agotada y sin fuerzas. Es aquí cuando aprendí a reconocer este tiempo en el cual tengo que entrar en mi lugar secreto,: a solas con mi Dios. Tiempo en el cual he aprendido a depender totalmente de Él, de reconocer que Él gobierna mi vida y que Él es la cimiente de mi fundamento. Puedo saciar mi sed con Su agua viva, y entrar en Su presencia sin temor, reconociendo que Él es mi todo. Cuando esto sucede es como si el tiempo no transcurriera, Su gran amor y Su paz inundan mi ser. Recibo nuevas fuerzas, las cuales me hacen remontar a las alturas, y Dios vuelve a recordarme mi gran propósito y me imparte nuevas estrategias para proseguir a mi meta y no desenfocarme.

Aquí es cuando tomo mi segundo aire. No puedo permitir que el cansancio físico tome ventaja; reconozco que no puedo con mis propias fuerzas, tengo que ceder el control absoluto al dador de mi vida. Todo lo puedo en Cristo, pues me imparte la fuerza y la vitalidad que necesito. Dios me ayuda a reenfocarme en mi meta y en el propósito que ha depositado en mi vida. Gracias, Dios, porque me enseñas a depender de ti, obedecerte y hacer tu voluntad. ¡Eres el que sostiene mi vida!

REFLEXIÓN

En los deportes, los atletas muy a menudo sufren de cansancio y agotamiento debido a su gran esfuerzo físico, entonces es donde tienen que recurrir a su segundo aire. Aquí es cuando el atleta tiene que tomar control absoluto de su situación y no puede permitir que el cansancio tome ventaja y disminuya su desempeño. Cuando esto sucede, puede demostrar que tiene una reserva de energía adicional y el dolor de su cuerpo y el agotamiento desaparecen. Como resultado consiguen un nuevo soplo de energía y de vitalidad.

Cada año, tú y yo nos proponemos metas que anhelamos alcanzar, pero al cabo de algunos meses, podemos perder el enfoque y el entusiasmo hacia eso que tanto deseamos. Nos enfocamos más en las circunstancias que nos rodean y cómo estas nos afectan; y es ahí cuando llega en cansancio y el agotamiento, físico, emocional y espiritual. Cuando esto sucede es tiempo de hacer un alto y mirar hacia la cruz, de acercarnos a Dios, reconociendo que solas no podemos y que no es a través de nuestras propias fuerzas.

Hoy es día de accionar y de enfoque, entra al lugar secreto donde solo Dios y tu pueden estar a solas y mirar a la cruz y recordar ese gran sacrificio de amor. Dios te impartirá, paz, confianza, pero sobre todo nuevas fuerzas para seguir hacia adelante y cumplir con tu propósito. Su presencia te abrazará y te sentirás como una niña en los brazos de su padre, impartiendo seguridad y protección. Te podrás remontar en las alturas, en total alabanza y adoración, recibirás claridad y guía para caminar con paso firme y seguro hacia tu gran propósito, muy segura de ti misma, reconociendo que no hay tiempo que perder porque fuiste llamada para cosas grandes.

«En cambio, los que confían en el Señor encontrarán nuevas fuerzas; volarán alto, como con alas de águila. Correrán y no se cansarán; caminarán y no desmayarán.» Isaías 40:31

ORACIÓN

Señor, a lo largo de mi caminar me he sentido cansada, agotada y sin fuerzas. En este día decido mirar a la cruz, y recordar ese gran sacrificio de amor que hiciste por mí. Hoy recibo nuevas fuerzas, confianza y me mantengo enfocada en el gran propósito que depositaste en mí, gracias, Dios, amén.

Mi reflexión

Capítulo 26
HOY DECIDO CREER

*«Pues vivimos por lo que creemos y
no por lo que vemos.»*
2 Corintios 5:7

Alrededor del mundo hay muchas personas atravesando situaciones difíciles y la gran mayoría de ellas espera que algo favorable suceda a su favor. Puede ser que el médico te haya diagnosticado recientemente una enfermedad y necesitas una intervención quirúrgica y tratamiento de quimioterapia, radioterapia o diálisis. Tal vez eres una persona que nació con un impedimento físico y piensas que nunca vas a llegar a la meta que te has propuesto. Probablemente tengas un problema de obesidad severa y has tratado de bajar de peso y a lo mejor ya has agotado todos los recursos sin obtener resultados.

Quizá has tenido varios fracasos matrimoniales y aún sigues sola, sin encontrar a la persona que te pueda hacer verdaderamente feliz; o puede ser que nunca te hayas casado y aún no ha llegado ese príncipe azul que tanto has anhelado. No importa cuál sea la situación por la cual estés atravesando, eres una mujer con un propósito divino.

ESTA ES MI HISTORIA

Una de las cosas que más me ha impresionado es ver los milagros de sanidad que Dios hace en las personas. Cuando era adolescente tuve la oportunidad de asistir a las campañas evangelísticas del hermano Yiye Ávila en Puerto Rico. Vi cientos de personas sanadas: paralíticos fueron levantados, sordos pudieron escuchar, mudos comenzaron a hablar, ciegos recobrar la vista, muelas fueron plastificadas con oro y plata, personas con piernas más cortas fueron sanadas, personas atadas a vicios de drogadicción, alcohol y demonios fueron libertados a través del poder de Jesucristo. En una ocasión hubo un momento en el cual pidió a los enfermos bajar de las gradas del estadio e ir al frente de la tarima. Yo estaba padeciendo de un absceso de grasa en mi cuello, el cual era bastante doloroso y estaba creciendo rápidamente. Recuerdo que él dijo: «Pongan su mano en el área afectada», y preguntó si creíamos en un milagro de sanidad. Yo dije dentro de mí. «Hoy decido creer, yo creo que Dios puede sanarme». Y finalizó la oración diciendo: «Por sus llagas fuisteis sanados». Luego de orar pidió que revisáramos nuestra área afectada y cuando toqué mi cuello, aquella masa había desaparecido. ¡Qué maravilloso es creer con todo nuestro corazón!

¡Yo creo en milagros, y soy un milagro! Dios me preservó la vida a pesar de todos los pronósticos médicos, he sido librada de la muerte en varias ocasiones, tuve diagnóstico de esterilidad y tengo una hija biológica, quedé ciega y recobré mi visión y muchos otros testimonios. Dios sanó mis emociones y mi corazón herido, y hoy puedo testificarte a ti y al mundo entero de que Dios es poderoso. Si quieres ver milagros en tu vida, simplemente cree con todo tu corazón y activa tu fe.

REFLEXIÓN

En una ocasión en la ciudad de Betesda había un paralítico que estaba enfermo hacía 38 años; y cuando Jesús lo vio acostado, supo que llevaba así mucho tiempo. Jesús le preguntó: «¿Quieres ser sano?» Esta pregunta se contesta con un sí o con un no, y el paralítico, en vez de contestar, se enfocó en las circunstancias que lo rodeaban y en su condición actual. Este hombre nunca contestó a esta pregunta tan importante, por el contrario, se había acostado muy cómodamente a contemplar el panorama a su alrededor. Al ver Jesús ese escenario, se le acercó y le dijo: «Levántate, toma tu lecho y anda»; y el hombre fue sanado al instante.

Hay ocasiones que tenemos enfermedades y situaciones difíciles, y cuando pasa el tiempo nos acostumbramos a ellas y nos cuesta salir de nuestra zona de comodidad. Nos acomodamos al escenario que tenemos delante de nuestros ojos y se nos dificulta salir de ahí. Sabemos que Dios hace milagros, pero cuando nos toca a nosotros creer en un milagro para nuestra vida, muchas veces no estamos seguras si sucederá. Nos enfocamos más en las circunstancias que nos rodean y las distracciones nos detienen en el camino y nos olvidamos en creer que tenemos que activar nuestra fe.

La época de los milagros no ha pasado, hoy día Dios continúa haciendo milagros en la humanidad. Tu situación actual no detiene los planes que Dios tiene para tu vida. Hoy decide creer con todo tu corazón en tu sanidad, en la solución a tu problema, en una intervención en tu matrimonio o con tus hijos. Yo creo que Dios hará algo maravilloso que cambiará el rumbo de tu vida, Él cumplirá su propósito divino en ti y nada lo detendrá.

«Hágase tu voluntad, como en el cielo, así también en la tierra.» Mateo 6:10

ORACIÓN

Señor, hoy decido creer con todo mi corazón, las circunstancias que puedo ver no me podrán detener. Yo creo en que tú harás grandes cosas. Me encamino a cumplir con mi propósito divino. Haz tu voluntad en mi vida, amén.

Mi reflexión

Capítulo 27
ÉL DIRIGE MIS PASOS

«El Señor dirige los pasos de los justos se deleita en cada detalle de su vida. Aunque tropiecen, nunca caerán, porque el Señor los sostiene de la mano.»
Salmo 37:23-24

Puede que tengas que tomar una decisión muy importante y no sabes qué hacer, como por ejemplo realizarte una cirugía delicada o ser candidata para donar un riñón a un familiar cercano. Puede ser que estés pensando en si debes continuar con tus estudios o te vas a trabajar tiempo completo. Quizá te gustaría rehacer tu vida, tienes un pretendiente que te ha propuesto matrimonio y no sabes qué hacer. En ocasiones sientes que caminas y avanzas, pero en otras ocasiones que tropiezas y comienzas a sentir temor e inseguridad. No importa cuál sea tu situación o la decisión que tengas que tomar, eres una mujer con un propósito divino.

ESTA ES MI HISTORIA

Hay momentos en nuestra vida en el cual nos sentimos realizadas y parece que ya llegamos a la cúspide, aunque dentro de nosotras sabemos que aún falta algo por hacer. Como profesional, ya había cumplido 30 años de experiencia profesional, como madre, tenía una hija maravillosa y un buen esposo. En el área ministerial me había desarrollado como líder de mujeres, predicadora y conferencista. Pero llegó un momento que al reflexionar sabía que era una mujer con propósito y aún faltaban muchas cosas por hacer.

Mi hija cumplió 21 años y decidió ingresar al servicio militar, fue una de las primeras féminas en el estado de Illinois en servir como ingeniera de combate. Con la partida de mi hija fui seriamente confrontada conmigo misma. En una oración le pregunte a Dios: «¿Qué quieres que yo haga?» Estuve meditando y buscando dirección para que Dios dirigiera mis pasos.

Al cabo de varios años comencé a estudiar en el Seminario Bíblico Hispano de Chicago y fui ordenada al ministerio pastoral en la iglesia La Casa del Alfarero, Church of God. Pude completar mis estudios en el ministerio de la mujer, y hoy estás leyendo el libro que Dios había puesto en mi corazón desde hace muchos años. El año 2020 fue un año de mucha dificultad alrededor del mundo. De mi parte te puedo decir que he enfrentado muchos desafíos, porque soy enfermera y trabajo en un hospital; pero desde el mes de marzo, he podido ver cómo Dios me ha cuidado y protegido de una forma sobrenatural.

Tengo que ser honesta, en este caminar he tenido que pasar por grandes desiertos y me he tenido que enfrentar con grandes gigantes, pero en cada situación de mi vida he visto a Dios obrar de una manera maravillosa. Siempre le he pedido a Dios que guíe mis pasos y antes de tomar una decisión en mi vida, siempre oro pidiendo Su guía. He tropezado muchas veces, pero soy un testimonio de los milagros maravillosos que Dios ha hecho a través de los años. Por tal razón no puedo callar las grandezas de Dios. Este es el comienzo de una nueva etapa de mi vida, en la cual siento que estoy en el propósito que Dios había diseñado para mí. Me deleita el servir a Dios con todo mi corazón.

REFLEXIÓN

Una de las cosas más importantes que nosotros debemos tener en cuenta es la toma de decisiones. No podemos tomar decisiones a la ligera ni con nuestras emociones porque serán decisiones equivocadas, las cuales nos pueden encaminar a dificultades. La Biblia nos narra que en una ocasión Jesús subió al monte a orar y allí oró toda la noche. Luego al siguiente día, salió y escogió a sus doce discípulos. Jesús era el Hijo de Dios y aún el oraba al Padre antes de tomar grandes decisiones. Hoy día podemos leer las historias del ministerio de Jesús y sus discípulos, y el gran impacto que tuvieron de manera tal que seguimos hablando y estudiando de ellos.

Desde pequeña aprendí a orar y a tener fe en Dios, y en el transcurso de mi vida la oración ha sido una de las cosas más importantes. He visto el poder transformador de la oración obrar en mi propia vida y ver un cambio extraordinario. Mientras estoy escribiendo este devocional, recibí dos mensajes de texto con testimonios maravillosos. Estuve orando por dos pacientes con COVID-19 y hoy pueden testificar que llevan tres días con una recuperación sumamente rápida. Una mujer me dijo que orara por ella porque le habían encontrado unas pequeñas masas en uno de sus senos y hoy los resultados salieron negativos. Dios escucha nuestras oraciones.

Dios guía tus pasos, aunque tropieces en el camino, Él te impartirá las fuerzas que necesitas para seguir hacia adelante, te toma de la mano y te dice: «No temas porque yo estoy contigo, no estás sola, te tomo de la mano para que caminemos juntas, yo dirijo tus pasos». Puedes orar creyendo con todo tu corazón, que Dios te escucha y recibirás la guía que necesitas para tomar la decisión correcta y recibir la guía para que camines con paso firme y seguro. Dios guía tus pasos hacia tu propósito divino.

«En esos días, cuando oren, los escucharé.» Jeremías 29:12

ORACIÓN

Señor, vengo a ti en oración, para que guíes mis pasos y me ayudes a tomar la decisión correcta. Yo creo con todo mi corazón que tú me escuchas y que me encaminas hacia el propósito divino que tienes para mí, amén.

Mi reflexión

Capítulo 28
NUEVAS OPORTUNIDADES

«Es él quien me arma de valor y enendereza mi camino.»
Salmo 18:32

Al dar una mirada hacia el pasado, puedes notar que la toma de decisiones no ha sido nada fácil, has tomado buenas y malas decisiones a lo largo del camino. Puede ser que hayas fracasado sentimentalmente, en tu negocio, en tus estudios, en tu ministerio. Quizá al mudarte a los Estados Unidos te diste cuenta de que la vida no era color de rosa y tuviste que regresar a tu país; o al llegar aquí tus planes fracasaron. Tal vez se te han presentado buenas oportunidades y por no estar segura las has dejado pasar y no sabes si algún día tendrás otra oportunidad. A pesar de todas las situaciones que puedes haber experimentado en el pasado, eres una mujer con un propósito divino.

ESTA ES MI HISTORIA

En mi trayectoria he tenido la oportunidad de compartir con personas que tienen un pronóstico de vida entre tres a seis meses, lo cual se le conoce como una persona en etapa terminal; y he sido participe de múltiples experiencias al final de la vida. En una ocasión, me encontraba en el hogar de una persona el cual estaba gravemente enferma, pasaron varios días y la condición de salud se agravó y yo podía sentir que había una gran intranquilidad en esta mujer la cual no le permitía morir en paz. La familia me habló para que fuera, a ver cómo podía ayudar. Me senté a su lado a escucharla y me dijo que quería arreglarlo todo antes de morir. Muy dulcemente me dijo que deseaba aceptar a Jesús como su Salvador para recibir perdón y tener vida eterna; la tomé de la mano y oramos juntas. Luego me dijo que deseaba hablar con su hermana pues tenía que resolver algo con ella antes de partir. Ese mismo día hablé con la familia y se llevó a cabo una reunión familiar.

Al día siguiente, la familia me comunicó que las hermanas dialogaron; no sé cuanto tiempo tomó esa conversación entre ellas, pero esas hermanas llevaban muchos años enojadas y sin mediar palabra; sin embargo, ambas tuvieron la oportunidad de reconciliarse y pedirse perdón. Al finalizar esa conversación, al cabo de unos minutos, la mujer enferma expiró y fue a la presencia del Señor. Al acudir al sepelio, pude ver paz en su rostro: una gran sonrisa que se dibujaba en sus labios. En los momentos finales de su existencia esta mujer tuvo el valor de abrir su corazón a Jesús y arreglar asuntos que había dejado pendiente a lo largo de su vida. Tuvo la valentía de reconocer que había fallado pero que Dios le ofrecía una nueva oportunidad para rectificar.

Gracias, Dios, porque tu amor y tu misericordia nos

provee nuevas oportunidades para acercarnos más a ti.

REFLEXIÓN

Lo que estamos viviendo hoy es el resultado de las decisiones que tomamos en un ayer. Al detenernos y analizar nuestra trayectoria podemos visualizar de manera más amplia si tomamos decisiones certeras o equivocadas. Cuando una niña decide correr una bicicleta, tiene grandes probabilidades de salir airosa en su paseo o puede caerse en el camino. Al caerse tiene la elección de limpiarse los golpes y proseguir, como si nada hubiese sucedido, y tiene una nueva oportunidad para continuar. De lo contrario puede quedarse llorando y lamentándose de su caída y no proseguir con su marcha.

En una ocasión, Jesús, luego de tanto caminar, llegó a Samaria y se sentó al lado de un pozo; era cerca del mediodía y hacía mucho calor y el sol estaba en su máximo esplendor. Llegó al lugar una mujer samaritana que había tenido varios fracasos sentimentales en su vida y era señalada y marginada por la sociedad, por tal razón acudió al pozo a la hora más caliente del día, para pasar desapercibida.

Ella acudió al pozo a buscar agua, pero se encontró allí con Jesús, quien tenía un gran regalo para ella: le ofreció agua viva, agua fresca que manaba de un gran manantial para que no tuviera sed jamás y obtuviera vida eterna. En ese mismo momento, esta mujer pudo reconocer que tenía una nueva oportunidad en la vida. Se armó de valor y pudo reconocer los errores que había cometido y decidió caminar por el camino correcto. En nuestra vida podemos tomar decisiones erradas y fallidas, pero Dios nos provee una gran oportunidad, de confiar en Él con todo nuestro corazón y buscar su voluntad. Si crees que ya se te acabaron las oportunidades, hoy Dios te provee una nueva oportunidad para cambiar tu vida para siempre y encaminarte a cumplir con tu propósito divino. Te provee una fuente de agua viva para que no tengas sed jamás y tengas vida eterna.

«Confía en el Señor con todo tu corazón; no dependas de tu propio entendimiento. Busca su voluntad en todo lo que hagas, y él te mostrará cuál camino tomar.» Proverbios 3:5-6

ORACIÓN

Señor, gracias por tu amor y misericordia, hoy me brindas otra gran oportunidad, decido abrir mi corazón y tomar del agua viva para no tener sed jamás y recibir el gran regalo que tienes para mí, vida eterna. Deposito mi confianza en ti, haz tu voluntad, Encamíname hacia mi propósito divino. Gracias por esta nueva oportunidad, amén.

Mi reflexión

Capítulo 29
ENTRO EN MI NUEVA TEMPORADA

«El Espíritu del Señor Soberano está sobre mí, porque el Señor me ha ungido para llevar buenas noticias a los pobres.
Me ha enviado para consolar a los de corazón quebrantado y a proclamar que los cautivos serán liberados y que los prisioneros serán puestos en libertad.»
Isaías 61:1

Desde que somos niñas soñamos con ser grandes, estudiar, tener un trabajo, una casa, casarnos y tener hijos. Puede ser que has soñado con tener una familia, venir a vivir a los Estados Unidos, ser una empresaria, ser médico, viajar por diferentes partes del mundo y aprender otros idiomas. O tal vez te sucedió como a mí, que soñé más allá de mis posibilidades: ir a la universidad y ser enfermera, líder, conferencista y viajar a conocer diferentes culturas, hacer reuniones con mujeres y escribir un libro.

Tal vez tu familia y tus amigas te dicen que solo eres una soñadora y que todo eso es imposible y que vas a tener que despertar de ese sueño. A pesar de todo, eres una mujer con un propósito divino.

ESTA ES MI HISTORIA

Cuando era adolescente tenía dos amigas con quienes éramos inseparables; y recuerdo que un día comenzamos a soñar despiertas sobre nuestro futuro. Una de ellas dijo: «Cuando crezcamos vamos a ser personas muy importantes y tenemos que comenzar a practicar nuestra firma desde ahora y la iremos perfeccionando con el paso de los años». Ellas querían ser médico y yo enfermera. Todas fuimos a la universidad y nos graduamos de la profesión que tanto anhelábamos. Tan pronto comencé a trabajar, utilizaba la firma que tanto había practicado desde niña. Hay ocasiones que muchas personas me preguntan el porqué de mi firma y les cuento esta historia. Mi mamá siempre me decía: «Tú puedes llegar donde desees, porque tú misma estableces los límites».

A nivel profesional me desarrollé como conferencista y ofrecía clases de educación continua, con médicos a profesionales de enfermería en un hospital muy importante. He podido viajar por diferentes partes del mundo y conocer otras culturas, también he sido líder de mujeres en mi comunidad de fe y he organizado retiros y conferencias de sanidad interior. Con el paso de los años, había en mi corazón el anhelo de escribir un libro que pudiera ayudar a otras mujeres a poder sanar las heridas de su corazón y tener un encuentro con Dios. En mi familia, a la única persona que le había revelado mi sueño fue a mi hija. Comencé a estudiar en el Seminario Bíblico y recuerdo que, en una clase tuve que desarrollar un ensayo sobre mis proyectos ministeriales futuros en el ministerio de la mujer y recuerdo escribir que uno de mis sueños a largo plazo era el poder escribir un libro. Solo Dios sabía el gran anhelo que tenía en mi corazón. Honestamente, lo veía como un imposible y el recurso apareció inesperadamente y sin buscarlo. En un abrir y cerrar de ojos tenía toda la información que necesitaba delante de mí, surgió como un gran milagro. Hoy ese sueño se ha hecho realidad y es este libro que estás leyendo. Así como Dios ha hecho conmigo, lo puede hacer también en tu vida.

REFLEXIÓN:

Estoy convencida que estoy entrando en una nueva temporada que Dios ha preparado para mí. Quiero ir por el mundo llevando buenas noticias de salvación y ayudar a muchas mujeres que están quebrantadas, sin esperanza y sin consuelo a salir de esa etapa de su viva. A tomarlas de la mano y llevarlas por el camino que conduce a la salvación, a la paz, felicidad y a la vida eterna, para que sus vidas sean transformadas a través del poder de Jesucristo. Es hermoso el poder deleitarme en la presencia de Dios y servirle con todo mi corazón porque fui escogida y separada desde el vientre de mi madre para hacer su voluntad, porque un día Dios me dijo: «Eres una mujer llamada Propósito».

«Deléitate en el Señor, y él te concederá los deseos de tu corazón.» Salmo 37:4

ORACIÓN:

Señor, tú sabes que en mi corazón hay sueños y anhelos los cuales parecen imposibles, haz tu voluntad en mi vida. Te pido que abras las puertas que han estado cerradas, que me proveas de los recursos que necesito y que me guíes por el camino que me conducirá a poder disfrutar de mis sueños y de mis anhelos. Sé que con tu ayuda podré lograrlo y seré de ejemplo y de ayuda a otras personas. Yo quiero entrar a la nueva temporada que tienes preparada para mí, amén.

Mi reflexión

....

....

....

....

....

....

....

....

....

....

....

....

....

....

....

....

....

....

Capítulo 30

ERES UNA MUJER CON PROPÓSITO

«El Señor cumplirá en mí su propósito.»
Salmo 138:8

En tu peregrinaje por la vida, puedes pasar por diferentes situaciones: alegres, de logros, de grandes victorias, de intensos desafíos, tristes, difíciles y otras que simplemente que no deseas recordar. Puede ser que cuando niña hayas vivido momentos desafiantes que a lo largo del camino se convirtieron en pesadillas, o quizá tuviste un estilo de vida diferente, el cual hoy al recapacitar y mirar hacia el pasado sabes que necesitas un cambio.

Tal vez deseas volver a empezar y quieres aprovechar esta oportunidad que tienes delante de ti. Sientes que hay algo que te falta en tu vida para sentir una verdadera felicidad y sentirte plena, completa, satisfecha y valiosa, porque cuando todos se van, te encuentras sola con tu verdadero yo y reconoces que hay una pieza que te hace falta. A pesar de todas las experiencias que estás enfrentando tú también eres una mujer con un propósito divino.

ESTA ES MI HISTORIA

Hubo un momento en el cual tuve que detener mi apresurado caminar por la vida y reflexionar sobre todas las cosas que me habían sucedido desde mi niñez. Me percaté de que no podía proseguir mi camino, herida, lastimada y con heridas sangrantes. Por lo cual decidí comenzar un proceso de sanidad interior y consejería el cual me ayudó sanar mi corazón herido y mi autoestima. También durante ese proceso pude entender con mucha claridad que yo soy una mujer con un propósito divino. Al cabo de varios años he podido aceptarme tal y como soy, amarme a mí misma, perdonarme y reconocer que Dios me ha otorgado unos dones y unos talentos y que no hay otra mujer en el mundo como yo, porque soy única y especial. Dios me creó, me diseñó y con su gran abrazo me cuidó y sopló aliento de vida sobre mí.

Descubrí que durante todo este recorrido había adquirido grandes lecciones y enseñanzas que me servirían para ayudar a otras mujeres que estaban atravesando situaciones similares a las mías. Sentí en mi corazón que había encontrado un gran tesoro que no me podía quedar, sino que lo tenía que compartir con muchas mujeres alrededor del mundo. Por tal razón comencé a prepararme, estudiar, a caminar de la mano con las mentoras que Dios puso a mi lado para emprender esto que hoy es una realidad.

En este libro has visto algunos de los desafíos a los que me he tenido que enfrentar, pero esos grandes gigantes no me han podido detener porque Dios me ha llevado de su mano. Hoy puedo caminar con firmeza y seguridad porque Dios ha hecho de mí una mujer nueva. Mi vida ha sido transformada para siempre, puedo experimentar una libertad plena, en mi vida, en mi mente y en mi corazón. Tengo la certeza que nací para ser libre porque soy una mujer llamada Propósito.

REFLEXIÓN

Cuando miramos las minas de carbón, en cierta manera pueden ser insignificantes para alguna de nosotras. El carbón a simple vista puede ser que no tenga ningún valor. Pero cuando el carbón se une y se compacta, se convierte en una piedra. Esta piedra es puesta a altas temperaturas y el resultado es maravilloso: un gran diamante. Luego hay que darle unos cortes especiales para realzar el brillo y aumentar la calidad de la piedra preciosa.

En la antigüedad las joyas eran utilizadas por la realeza como símbolos de pacto y compromiso. Pero hoy quiero que sepas que eres una joya preciosa, ¡eres el resultado del pacto de amor de Dios! El diamante se caracteriza porque es una de las piedras más duras y resistentes del mundo. Los desafíos que has tenido que enfrentar en tu recorrido han sido los cortes finos y el pulido al cual has sido sometida para aumentar tu belleza y tu valor. Persiste, resiste, encamínate hacia tu propósito. Eres una mujer valiosa, eres importante, eres única y especial. ¡Tienes un valor incalculable!

«Mujer virtuosa, ¿quién la hallará? Porque su estima sobrepasa largamente a la de las piedras preciosas.» Proverbios 31:10

ORACIÓN

Señor, gracias por hacer de mí una mujer valiosa, gracias por hacer de mí una gran joya preciosa. Creo con todo mi corazón que tu cumplirás tu propósito en mí. Hoy levanto mi cabeza con gozo y paz en mi corazón a decirle al mundo entero que nací para ser libre porque soy una mujer con un propósito divino, amén.

Mi reflexión

NOTAS

....

....

....

....

....

....

....

....

....

....

....

....

....

....

....

....

....

....

....

ACERCA DE LA AUTORA

Nació en una bella isla en el Caribe, la Isla del Cordero, Puerto Rico. Vive en la ciudad de Chicago, IL, con su esposo, Mario Perales. Tiene una hermosa hija llamada Ashley Janice, la cual es un regalo de Dios y es una respuesta a la oración y parte de su gran propósito.

Cursó estudios universitarios en la Universidad Interamericana de Puerto Rico, donde obtuvo el título profesional de enfermera. Lleva una trayectoria profesional de 31 años, destacándose en proveer charlas de educación continua a profesionales de la salud; es profesora en una academia bilingüe de asistentes de enfermería, trabaja con pacientes terminales y es mentora de nuevas enfermeras y estudiantes de enfermería de diferentes universidades. En la actualidad se desempeña en el área de geriatría y rehabilitación en el Hospital de Veteranos, en Chicago IL.

En el área ministerial, estudió teología, dirige el ministerio Mujer eres libre - Chicago, desde hace seis años, es mentora de la pastora de los jóvenes, fue ordenada como pastora asociada hace dos años y cursó estudios en el Seminario Bíblico Hispano, donde obtuvo un grado en el ministerio de la mujer. Se destaca en el ministerio de intercesión, provee conferencias de salud, sanidad interior, violencia doméstica, dirige retiros de sanidad interior y eventos para mujeres y actividades en la comunidad. También participa activamente en el desarrollo de líderes, discipulado, predicación, ministración y de estudios bíblicos.

En su tiempo libre le gusta la decoración de interiores, floristería, leer, escribir, escuchar música, cocinar y las manualidades. Le gusta mucho la historia, viajar y conocer otras culturas alrededor del mundo.

Para conectarte con la autora:
Facebook: Evelyn Perales Oficial
Instagram: @evelynperales_oficial.
website personal: evelynperales.com
email: evelynperales32@gmail.com

www.ingramcontent.com/pod-product-compliance
Lightning Source LLC
LaVergne TN
LVHW052024080426
835513LV00018B/2139